JN016238

シン・人事の大研究

人事パーソンの学びと
キャリアを科学する

田中 聡・中原 淳・『日本の人事部』編集部
著

ダイヤモンド社

はじめに

　私たちが生きる現代は「人と組織の課題」に満ちあふれています。

　朝、テレビをつければ「賃上げ」のニュースが流れ、通勤電車では「転職フェア」の広告が目に飛び込んできます。カフェに立ち寄れば、カウンターの片隅に「スタッフ募集」の看板が置かれています。コンビニに入店すれば、「正社員・アルバイト急募」の文字が目に飛び込んできます。これらはすべて、私たちの周りで起きている「人と組織の課題」の一端を映し出しています。

　長年にわたり、人と組織の研究を行ってきた私たちは、これほどまでに社会が「人と組織の課題」に覆われている時代はかつてなかったと確信しています。

　もし仮に「人と組織の課題」に取り組む経営機能が「人事」という言葉で呼称されるのなら——

　私たちが生きる現代は「人事の時代」です。

　私たちの専門分野は、人材開発・組織開発をはじめとする人材マネジメントです。仕事柄、人事担当者を介して、企業が直面するさまざまな人と組織にまつわる悩みを聞く機会がよくあります。

　普段は、各企業の人事部の皆さんとともに知恵をしぼって、「若手社員の早期離職が続いている」「エンジニア部門のエンゲージメントが低い」といった人事部門以外の現場の課題を解決するご支援を行わせていただくことが多いです。

　しかし、最近、とみに感じるのは、**他ならぬ人事パーソンの皆さんが、実は会社の中で最もストレスと疲労を感じ、ケアを必要としている存在ではないか**、ということです。

　人事の仕事は、今、絶えず変化する社会の要請に応える形で多様化し、

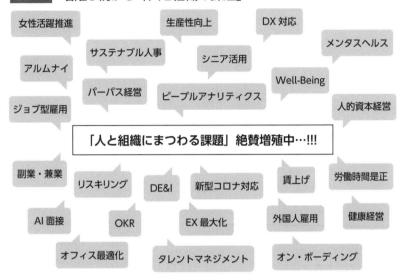

■図表1■ 増殖し続ける「人と組織の課題」

女性活躍推進　生産性向上　DX 対応　メンタスヘルス

サステナブル人事　シニア活用

アルムナイ　Well-Being

ジョブ型雇用　パーパス経営　ピープルアナリティクス　人的資本経営

「人と組織にまつわる課題」絶賛増殖中…!!!

副業・兼業　リスキリング　DE&I　新型コロナ対応　賃上げ　労働時間是正

AI 面接　OKR　EX 最大化　外国人雇用　健康経営

オフィス最適化　タレントマネジメント　オン・ボーディング

さらに複雑さを増しています。図表1は、ここ10年ほどで話題になった人事テーマの一例です。いかがでしょうか？　懐かしさを感じるものから、目下対応中のもの、そして、女性活躍推進やDE&I（ダイバーシティ・エクイティ＆インクルージョン）など「一時期のブームにしてはいけないもの」まで、数多くのテーマが語られていたことがわかります。これらの「人と組織の課題」に対応するのは、主に人事部門であり、実際にはそこで働く人事パーソンの皆さんです。

　一方、仕事・課題の量だけでなく、質的な面でもより高度なスキルが求められています。例えば、HRテクノロジーの導入に伴い、人事パーソンはデータ分析スキルも身につけなければならなくなりました。また、経営のグローバル化によって、異なる文化的背景を持つ従業員が一つのチームとして協働するために、異文化理解とともに、各国の労働法制や雇用慣行についても深い知識が求められるようになっています。

しかし、このような複雑で多岐にわたる課題に立ち向かいながら、人事パーソンたちが社内から受ける評価は必ずしも「温かい」ものばかりではありません。時には「やって当たり前でしょ？」といった冷たい反応が返ってくることもあります。私たちの調査では、この「社内で正当な評価を得られにくい環境」が、人事パーソンの精神的・肉体的疲弊を助長する要因になっていることが明らかになりました。

　さらに、人事パーソンが自身のキャリア開発や学習に必要な時間を確保することが難しい現状も、彼らの負担を増大させています。人事パーソンは数多の課題解決に追われながら、社員と事業の成長を下支えしつつ、同時に自らの成長にも向き合う必要に迫られているのです。

　このように山積みになっている「人と組織の課題」に埋もれ、時にバズワードに振り回されながら、精神的にも肉体的にも余裕を失っている人事パーソンを目にして、私たちは次のような疑問を抱くようになりました。

　　社員のウェルビーイング向上を担当する人事パーソンは、
　　自分自身のウェルビーイングを高く保てているのだろうか？

　　社員の成長を支援している人事パーソンは、
　　自分自身も成長を実感しながら仕事をしているのだろうか？

　　社員のキャリア自律を支援している人事パーソンは、
　　自分自身も主体的にキャリア形成に取り組んでいるのだろうか？

　関連する先行研究を調べてみても、「人事部」という組織の機能や役割に関するものはたくさんありますが、「人事パーソン」という個人の学びやキャリアの実態を体系的に論じた研究はこれまでありませんでした。

それもそのはずです。企業においては、営業や研究開発などの利益に直結する部門で働くビジネスパーソンの学びやキャリアが優先され、それを支える立場である人事パーソン（人事部門に勤める個人）の学びやキャリアは常に「**後回し**」にされてきました。

現場で日々悪戦苦闘している人事パーソン個人の声に、もっと耳を傾ける必要があるのではないか。私たちの専門領域であるアカデミアの力で、人事パーソンの役に立つことはできないのか。そんな思いが本書の出発点になりました。

人事パーソンの学びとキャリアの実態を解き明かすために、私たちは、会員数33万人を擁する日本最大級の人事向けポータルサイト『日本の人事部』の全面的な協力を得て、「**シン・人事の大研究**」と題する共同研究を実施しました。2022年2月に実施した「人事パーソン全国実態調査」には、少なからぬ反響があり、わずか1か月足らずの間に1514人もの人事パーソンが協力してくださいました。本書は、その調査結果に基づき、そこから見えてきた人事パーソンの現実を伝えるものです。

人事パーソンに「閑散期」は存在せず、常に多忙を極めています。新卒採用は「季節イベント」から年間を通じて行われるものになっています。中途採用を常に行っている会社も少なくありません。従来の業務に加えて、人的資本経営やジョブ型雇用、リスキリングなど、実にさまざまな新たな課題が社会から投げかけられています。

冒頭で述べた「**人事の時代**」とは、「**人事が経営にインパクトを残すことのできる希望に満ちた時代**」である一方、ともすれば「**人と組織の課題に振り回される時代**」でもあります。

新たな課題に対応していくためには、専門性を高めるための学びが不可欠ですが、前述のとおり、実際には人事パーソンの学びやキャリアは「後回し」にされがちです。人事パーソンは、事業部門で働く従業員の学びやキャリアを充実させることには熱心に取り組む一方、自分自身に

ついては十分に考えてこなかったのではないでしょうか？

しかし、絶えず変化する社会の中で、この先も人事パーソンとして働き続け、成果を出し続けるためには、自分自身の学びやキャリア形成に向き合わなければなりません。本書を通して、自身の学びやキャリアについて考え、そして、行動してほしいと思っています。

ただし、本書は「この7つのポイントを実行すれば必ず人事として成果が出ます」というような即効性のあるハウツー（HOW TO）を提供するものではありません。**人事パーソンの現在を深く理解し、過去を振り返りながら、未来のビジョンを考えるきっかけを提供するものです。**人事パーソンの過去・現在・未来をワンセットで考える──そのための素材を提供する本だと考えています。

普段人事の仕事をなさっている方は、本書の各種のデータをもとに、自分の仕事のあり方、自分の学びのあり方、そして、自分のキャリアのあり方を振り返っていただければと思います。振り返ったあとには、自ら決めることが大切です。どのように仕事をするのか、どのように学ぶのか、そして、どのようなキャリアを積むのかを自ら決めて、実行していただきたいと願っています。

また、**全社の経営や人事部門を統括する立場にいらっしゃる読者の方には、ぜひ、自社の人事部門で働く人事パーソンの学びを促すための支援や投資が十分に行えているかを振り返るきっかけにしていただければ**と思います。

ここで本書のアウトラインについて説明しておきます。

序章では、イントロとして、この10年間の人事トピックとキーワードの変遷を振り返りつつ、人事の仕事に生じている変化について解説します。また、本書の特徴とともに私たちが実施した「人事パーソン全国実態調査」の概要についてもご紹介します。

続く第1章は「仕事編」です。まず、人事が企業内で果たす役割について掘り下げます。会社経営における人事の位置づけや具体的な機能について紹介するとともに、複雑化・高度化する人と組織の課題を解決するためには、人事が一つのチームになって、諸機能を連動させる必要があることを確認します。

　そのうえで、人事パーソン自身が、現在の仕事をどのように捉えているかを見ていきます。調査結果からは、人事の仕事が**「新規課題解決型」**にシフトし、仕事の終わりが見えない**「エンドレスワーク」**や、周りからはやって当たり前と思われ、仕事の成果に対して正当な評価を得られない**「社内ぼっち」**に陥っていることがわかりました。

　しかし、これらのネガティブな側面とは対照的に、人事パーソンは他職種と比較して、仕事に対する「エンゲージメントが高い」という結果も出ているのが興味深いところです。多くの人事パーソンは人や組織、事業の成長を支えられるという点にやりがいを強く感じています。このような人事パーソンの揺れ動く複雑な胸の内について迫っていきます。

　第2章は「学び編」です。現代の複雑化・高度化する業務環境の中で、人事パーソンは何を、どのように学んでいけばいいかを考察します。実際の現場で新たな課題に直面しながら学び、課題解決に取り組む人事パーソンの声にも耳を傾けながら、効果的な学びの方法やリソースを紹介します。

　第3章は「キャリア編」です。調査の結果、8割以上の人事パーソンがこの先ずっと人事の仕事を続けていきたいと回答しています。それでは、人事パーソンとしての長期的なキャリアをどのように形成していけばよいのでしょうか。若手期・中堅期・ベテラン期の各フェイズで陥りがちな課題を示し、それらの乗り越え方・向き合い方を探ります。

本書は、人事パーソンの方を主な読者対象としています。人事部門での勉強会やチームビルディング、対話のきっかけとして、ぜひ本書を役立てていただきたいと思います。また、人事部に配属されたばかりの方にとっては、人事という職種の全体像や今後の学びやキャリア形成を得るためのヒントとなるでしょう。

　もしかすると、人事で働いてみたいという学生の方も手に取ってくださるかもしれません。本書では、人事部という組織ではなく、そこで働く人事パーソンに光を当てています。「人と組織の課題解決」を担う人事パーソンがどのように働き、どのような喜怒哀楽を感じているのか。就職活動で接する「キラキラした採用担当者」とはまた一味違ったリアルなイメージを感じ取っていただけるのではないかと思います。

　人事パーソンの皆さんは、自分ではない他者の学びやキャリアについては饒舌に語ります。ところが、「では、あなたはどうなのですか？」と聞くと、「え？」と戸惑い、話を止めてしまう方が多いのではないでしょうか。もう一度、皆さんに問いかけたいと思います。

　　社員のウェルビーイング向上を担当する「あなた」は、
　　自分自身のウェルビーイングを高く保てているのだろうか？

　　社員の成長を支援している「あなた」は、
　　自分自身も成長を実感しながら仕事をしているのだろうか？

　　社員のキャリア自律を支援している「あなた」は、
　　自分自身も主体的にキャリア形成に取り組んでいるのだろうか？

　これまで他者に向けていた問いの矛先を、人事パーソンである自分自身に向ける——この本が、その一助になればと思います。

私たちが望むことは、人事パーソンの方々の学びとキャリアがより豊かになるためのお手伝いをすることです。本書はそのための「成長の鑑（かがみ）」を提供させていただきます。ぜひ「自己の学びやキャリア」を考えることにお役立てください。

　また、ぜひ本書をお近くの気の置けない人事仲間と一緒にお読みください。皆さんの間に「豊かな対話の時間」が生まれることを心より願っております。

2024年　初夏、立教大学のキャンパスにて
田中聡・中原淳・『日本の人事部』編集部

目次

序章

これからは
「人事」の時代

序章ではまず、今、人事という仕事にどのような変化が起きているのかを解説します。また、国際比較を参考にしつつ、日本企業はどれほど人材へ投資しているのかを見ていきます。残念ながら、人事という仕事の重要性が高まっているのに反して、日本では人事部門への投資が十分に行われているとは言えません。本書は、こうした現状を受けて、人事パーソンの学びとキャリアをより充実させるために書かれました。最後に、本書の特徴として、そのための工夫や仕掛けについて紹介します。

人事は「黒子」ではなく
「主役」になりつつある

1) 「人事が主役の時代」が到来している

今、私たちが日々目にするニュースは「人と組織にまつわる課題」であふれています。思いつくままにキーワードを挙げていくと、人的資本経営、ジョブ型雇用、賃上げ、リスキリング、週休3日制、男性育休、高年齢者雇用——など、枚挙に暇がありません。

これらの「人と組織にまつわる課題」が、これほどまでに社会的な問題として日々クローズアップされる時代は、これまでなかったのではないでしょうか？

2024年現在でいえば、特に「人的資本経営」が大きな社会的関心を集めています。経済産業省によると、人的資本経営とは、「人材を『資本』として捉え、その価値を最大限に引き出すことで、中長期的な企業価値向上につなげる経営のあり方」を指します。つまり、企業が従業員一人ひとりに投資を行い、そこで発揮される価値を最大限に活用することで、企業全体のパフォーマンスを最大化していく経営のことです。

現在、アメリカを代表する企業（S&P500）の企業価値の約9割が人的資本などの非財務資本によって支えられていると言われています。

図表2に示したとおり、1975年には企業価値の83％が有形固定資産によって構成されていました。日本では高度経済成長の余韻が残る頃ですが、当時は、アメリカでも製造業が経済成長を牽引していました。製造設備などの有形固定資産が企業価値を支えていたわけです。

しかし、経済のサービス化が進む中で、相対的に無形資産の寄与度が上がっていきます。1995年には企業価値の68％を無形資産が占めるよう

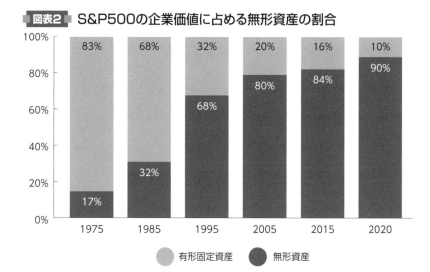

図表2 S&P500の企業価値に占める無形資産の割合

- 1975: 有形固定資産 83% / 無形資産 17%
- 1985: 有形固定資産 68% / 無形資産 32%
- 1995: 有形固定資産 32% / 無形資産 68%
- 2005: 有形固定資産 20% / 無形資産 80%
- 2015: 有形固定資産 16% / 無形資産 84%
- 2020: 有形固定資産 10% / 無形資産 90%

⬤ 有形固定資産　⬤ 無形資産

出所：Ocean Tomo（2020）A Part of J.S.Held, Intangible Asset Market Value Study

になり、2020年には90％にまで拡大しています[1]。

　こうした変化の中、人的資本をはじめとする非財務情報の開示が国際的な経営のトレンドになっています[2]。人への投資に積極的で、将来にわたって優秀な人材を惹きつけるポテンシャルのある企業に対して投資家の資金が集まるようになったことで、企業各社が自社の人事施策を積極的に開示するようになったのです。言い換えれば、人的資本を向上させるための施策（＝人事施策）が、そのまま企業の価値向上に直結するというわけです。

　こうしたグローバルのトレンドを受け、日本においても2021年に改訂

1） Ocean Tomo（2020）A Part of J.S. Held, Intangible Asset Market Value Study
　　［URL］https://oceantomo.com/intangible-asset-market-value-study/
2） 図表3（次ページ）に示したのは、ドイツ銀行のHRレポート「Human Resources Report 2021」の一部です。ドイツ銀行は世界に先駆けて、人的資本の情報開示に関する国際基準である「ISO30414」の認証を取得しています。
　　［URL］https://investor-relations.db.com/files/documents/annual-reports/2022/HR_Report_2021.pdf

図表3 人的資本の情報開示の例（ドイツ銀行）

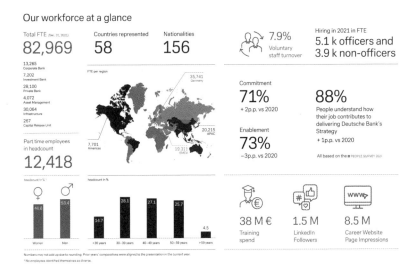

されたコーポレートガバナンス・コードの中で、人的資本への投資に関する具体的な情報を開示すべきとの指針が明示されました。2022年5月には経産省から「人材版伊藤レポート2.0」がリリースされ、同年8月には内閣官房から「人的資本可視化指針」が発表されました。さらに、同年11月には金融庁から「企業内容等の開示に関する内閣府令等の改正案」が公表され、2023年度3月期以降の有価証券報告書から人的資本関連項目の開示が義務化されることになりました。人的資本の活用度が企業価値評価の基準として位置づけられるようになり、上場企業を中心に、投資家に向けた人的資本の情報開示への対応に追われています[3]。

3) 日本における人的資本の情報開示義務や人的資本経営については、経済産業省がまとめた「人材版伊藤レポート」などを参照することをおすすめします。
持続的な企業価値の向上と人的資本に関する研究会 報告書 〜人材版伊藤レポート〜
[URL] https://www.meti.go.jp/shingikai/economy/kigyo_kachi_kojo/pdf/20200930_1.pdf
人的資本経営の実現に向けた検討会 報告書（人材版伊藤レポート2.0）
[URL] https://www.meti.go.jp/policy/economy/jinteki_shihon/pdf/report2.0.pdf

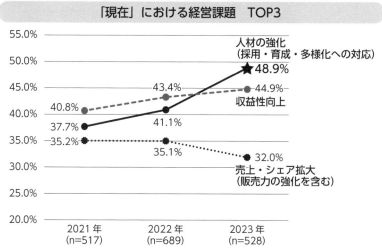

図表4 「人材の強化」が経営課題のトップに躍り出る

「現在」における経営課題　TOP3

出所：一般社団法人日本能率協会（2024）『日本企業の経営課題2023』調査結果発表

　もちろん、これまでにも「人を大切にする経営」や「人を活かす経営」の重要性は指摘されてきました。それらが実態を伴わないスローガンの域を超えて、いよいよ本当の意味で企業の競争力強化と持続可能な成長の鍵として捉えられるようになってきています。

　人的資本経営は、企業が直面する課題に対応し、新たな価値を創造するための実践的な経営戦略として、その重要性が今まさに再認識されているのです。

　こうした動きに象徴されるように、今、社会や企業経営の関心は、「人づくり・組織づくり」に向かって大きく舵を切ろうとしています。

　2023年に日本能率協会が実施した全国主要企業528社の経営者を対象にした調査によれば、企業が当面する経営課題として「人材の強化」を回答する企業が最も多いことがわかりました（図表4）。さらに、同調査によれば、3年後、5年後の経営課題においても「人材の強化」が最

■ 図表5 ■ これからは「人事パーソンの時代」である

人事部くん・人事部さんは
存在しない

人事パーソン一人ひとりの
活躍が求められている！

大の経営課題となる見通しが示されています[4]。つまり、「人と組織の課題」は多くの企業において直近の経営課題であるだけでなく、長きにわたる経営課題であるということです。

　人事部は、かつて「会社を陰で支えている黒子役」だったかもしれません。しかし、これほどまでに「人と組織にまつわる課題」が取り上げられ、社会や企業経営にとっての重要課題になっている現代は、「人事が主役の時代」と言っても過言ではありません。

　ただし、主役になるのは「人事部くん」や「人事部さん」ではありません。人と組織の課題解決に取り組むのは、「人事」という概念ではなく、人事部門で働いている「人事パーソン」の方々にほかなりません。正しく言い直しましょう。これからは人事パーソン一人ひとりが活躍を求められる時代、すなわち**「人事パーソンの時代」**なのです。

2）次から次に登場する「人と組織にまつわる課題」

　ここでは、この10年間を振り返って、HR（Human Resource）領域

4）　一般社団法人日本能率協会（2024）『日本企業の経営課題2023』調査結果発表
　　［URL］https://jma-news.com/archives/6337

図表6 この10年間のHR領域における主な出来事・キーワード

年	出来事	キーワード
2013		人手不足、シニア活用、外国人雇用、非正規の基幹化
2014	有効求人倍率が1倍を超える	リテンション、オン・ボーディング、タレントマネジメント、EX（Employee Experience）
2015	電通過労死事件、女性活躍推進法、SDGs国連採択、健康経営銘柄	働き方改革、生産性向上、労働時間是正、女性活躍、ダイバーシティ＆インクルージョン（D&I）
2017		健康経営、ウェルビーイング、メンタルヘルス
2018	働き方関連法（施行は2019年）、副業・兼業促進ガイドライン	HRテクノロジー、DX対応、ピープルアナリティクス、AI面接、副業・兼業
2019		企業価値×人事、パーパス経営、SDGs、サステナブル人事、福利厚生
2020	人材版伊藤レポート（22年にレポート2.0）	新型コロナ対応、リモートワーク、オフィス最適化
2022	リスキリング支援	人的資本経営、リスキリング、賃上げ

において、どのような出来事やキーワードがあったのかを見ていきましょう。図表6に示したように、人と組織にまつわるテーマが次から次へと現れています。

　2014年、有効求人倍率が1倍を超え、企業が必要とする人材数（求人数）が求職者数を上回る「人手不足」の状況が顕在化しました。この時期から、シニア社員や外国人労働者、非正規雇用者など、それまで中心的な労働力とは見なされていなかった人たちの積極的な活用に対する意識が高まりました。

　このような状況の中で、既存の社員にどうやって長く働き続けてもらうのかが課題となり、「リテンション（定着）」というキーワードが生まれ、新入社員や転職者が職場になじむ「オン・ボーディング」という考え方も注目されるようになりました。さらに、「Employee Experience（EX）」など、従業員のエンゲージメントを高めるためのマネジメント手法が検討されるようになりました。

一方で、急速な人手不足と長時間労働の文化などを背景に、「過労問題」が社会的に問題視されるようにもなりました。特に、労働時間の管理や職場のメンタルヘルスへの理解が不足していたことが指摘されていました。エポック・メイキングな出来事として「電通過労死事件」が起こったのが2015年です。

　こうした社会的背景の中で、時の安倍政権は「働き方改革」を推進します。「生産性向上」「労働時間是正」「女性活躍」「ダイバーシティ＆インクルージョン（D&I）」など、今に続くコンセプトが次々に打ち出されました。2015年には「SDGs」が国連総会で採択され、「健康経営銘柄」などのサステナビリティに関連する概念も登場しました。

　2020年代に入ると「人的資本経営」が注目され、現在、多くの企業が人的資本への投資や情報開示に本腰を入れて取り組み始めています。その他、新型コロナウイルスの流行により、「リモートワーク」が推進されるといった働き方の変化もありました。

　このように、この10年だけを見ても、人や組織にまつわる新しいテーマが数多く生まれていることがわかります[5]。それぞれの企業の中で、多岐にわたる課題に向き合い、解決していくことが、人事に課された役割ということになります。

　しかし、ここで注意しなければならないことがあります。それは、ここで取り上げたキーワードは、それぞれが当時大きな注目を集めましたが、いずれも完全に解決されたわけではないということです。

　例えば、ここに挙げたテーマの中で、「私たちの会社では完全に解決した」と言い切れるものはあるでしょうか？

　おそらく、多くの企業では、「取り組んで、一応の成果は出たけど、継続できているかと言われると……」とか「取り組んでいるけど……成

5）　主なキーワードについては、p044のコラム「これだけは押さえておきたい人事用語集」で詳しく説明しています。図表6の年表と合わせてご覧ください。

果はもうひとつ」ないしは「取り組もうとしているんだけど、忙しくて、本腰は入れられていない」というのが現状でしょう。

　実際には、多くの企業において、一つの問題を完全に解決することのないまま、新たに浮上した別の課題に対応していくという状況が繰り返されています。結果として、解決されずに残った問題が次々と積み重なり、人事パーソンにとって大きな負担となっています。

3) 人事の仕事に生じている３つの質的な変化

　近年、次から次へと「人と組織にまつわる課題」が登場していることを述べてきました。それに伴って、人事の仕事には「質的な変化」も生じつつあります。ここでは大きく３つの変化を取り上げます。

①課題解決型人事
②テクノロジーへの対応
③データに基づいた人事

　順を追って見ていきましょう。

①課題解決型人事

　多くの企業において、人事部門は採用、教育研修、給与計算、労務管理など、機能別に担当が分かれています。このような機能別人事は、人事が年中行事のように決まった業務を毎年繰り返し行うオペレーション中心の業務（ルーティン業務）である場合には、最も効率的な仕組みと言えるでしょう。オペレーションやルーティングを堅牢に確実にやり切ることも、人事としては、非常に大事なことです。

　ところが、現在の人事部が扱う課題は、そのようなルーティン業務だけではなくなってきています。自社だけでなく他社でも先行事例のない

ような「抽象的で漠然とした人事テーマ」に対して、自社なりに課題を再定義し、自社の経営や組織に最もフィットする制度や施策に落とし込み、実行するような、いわゆる「課題解決型人事」業務が増えてきているのです。

　例えば、「全社でDX（デジタルトランスフォーメーション）を推進する」という課題があったとします。人事に関わる業務として、デジタルスキルを持った即戦力人材の採用、デジタルスキルを学ぶ新しい社内教育プログラムの開発、既存の人事ツールのデジタル化と他業務システムとの連携など、多岐にわたるタスクが発生します。これらのタスクは、効率や効果を最大化するために、各担当部門で個別に進めるのではなく、一貫した戦略とストーリーのもと、整合性を持って統一的に進めることが重要になります。

　したがって、これからの人事は、採用担当や教育研修担当などの役割にとどまるのではなく、経営課題に対する幅広い視野を持ち、それぞれの機能や施策を組み合わせ、相互に連携しながら、一つのチームとなって難易度の高い課題解決に取り組んでいかなければなりません。

②テクノロジーへの対応

　昨今、「HRテクノロジー」という言葉に代表されるように、人事領域におけるテクノロジーの活用が急速に進んでいます。

　例えば、機械学習をはじめとする人工知能（AI）を活用した採用管理システムによって、履歴書のスクリーニングや最適な候補者の選定を自動化し、これまで膨大な時間と労力を要していた書類確認の作業を代行させることができるようになりました。

　また、人事情報システムやタレントマネジメントシステム（人材管理ツール）などによって、これまで個別に管理されていた従業員に関するさまざまな情報の一元管理が可能になり、一人ひとりの異動計画や給与計算・福利厚生の管理などの複雑な人事業務プロセスが大幅に簡素化さ

れました。

　最近では、生成AIの活用によって、組織内外からの各所の問い合わせ業務が、自動化・チャット化され始めています。

　これらのテクノロジーの活用は、日常的なルーティン業務の負荷を減らし、課題解決に直結する戦略的な業務に集中することを助けてくれます。裏を返せば、課題解決型の人事として価値を発揮するためにも、人事部門は新しいテクノロジーを積極的に取り入れ、活用していく必要があると言えるでしょう。

③データに基づいた人事

　3つ目の質的変化として、データに基づいた人事へのシフトが挙げられます。これまでのように人事パーソンの「KKD（勘と経験と度胸）」に基づく意思決定から脱却し、より信頼性の高い客観的なデータを活用して施策を検討し、意思決定する動きが加速しています。

　前述のHRテクノロジーの発展に伴い、従業員や組織に関するさまざまな情報の一元管理が可能になる中、採用から育成、定着支援、従業員満足度やエンゲージメントの測定・向上など、人事の仕事のあらゆる面において、データを蓄積し、活用することが求められています。

　図表7は、KPMGコンサルティング社が世界のHRリーダー1362人に対して行った調査「Future of HR 2020」の結果です。「今後2～3年間で多額の投資を行うと予想される人事テクノロジー」に関する日本企業65人の回答の第1位に「人材データ分析」が挙がっており、その必要性が強く認識されていることがわかります[6]。

　また、三菱UFJリサーチ＆コンサルティングとSmartHRが共同で実施した「デジタルHRサーベイ2022」によると、「人事業務におけるデー

6）　KPMGコンサルティング（2020）Future of HR 2020 – 岐路に立つ日本の人事部門、変革に向けた一手
　　［URL］https://assets.kpmg.com/content/dam/kpmg/jp/pdf/2021/jp-hr-survey-2021.pdf

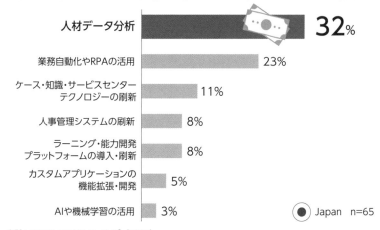

図表7 高まる「人材データ分析」の必要性

今後2〜3年間で多額の投資を行うと予想される人事テクノロジーは？（複数回答）

人材データ分析 **32**%

業務自動化やRPAの活用 23%

ケース・知識・サービスセンター
テクノロジーの刷新 11%

人事管理システムの刷新 8%

ラーニング・能力開発
プラットフォームの導入・刷新 8%

カスタムアプリケーションの
機能拡張・開発 5%

AIや機械学習の活用 3% Japan　n=65

出所：KPMG コンサルティング（2020）
Future of HR 2020- 岐路に立つ日本の人事部門、変革に向けた一手

タ活用」について、2019年時点では「実施中」または「実施に向けて準備中」と回答している企業の割合が67.4%であったのに対して、2022年時点では77.8%となっており、わずか3年で約10ポイント増加していることがわかっています。この結果からも人事におけるデータ活用への取り組みが急速に進んでいる実態が見て取れます[7]。

　もちろん、人事パーソンが長年の業務経験を通じて培ってきた直感や勘が役立つ場面もあるでしょう。しかし、先に述べたように、いま人事パーソンが直面している課題の多くは前例のない「まったく新しい課題」です。そのような課題に対して、過去の経験に根ざした実践知がそのまま通用することはありません。現場の最新のデータを取得・蓄積しながら、スピーディーに意思決定を行わなければなりません。非連続的

7）三菱UFJリサーチ＆コンサルティング株式会社・株式会社SmartHR（2022）デジタルHRサーベイ
2022
［URL］https://www.murc.jp/news/information/news_221222/

な変化が常態化する今の状況をサバイブするために、人事パーソンにとってデータは貴重な武器になります。

　先に述べたとおり、人事の施策が企業価値の向上に直結する時代だからこそ、データを活用して経営の戦略的なパートナーとしての役割を担うことが期待されているのです。

　以上、人事における3つの「質的な変化」について概観してきました。**ここから明確に言えることは、人事パーソンの仕事内容が、以前に比べて格段に高度化しているという事実です。**

　しかし、この高度化した人事業務に対して、多くの人事パーソンが十分に対応できているわけではありません。この背景には、主に**「思考の壁」**と**「部門の壁」**という2つの問題が存在しています。

　まず**「思考の壁」**とは、長年慣れ親しんだ個別業務の思考パターンから脱却できず、新しい視点で経営課題にアプローチすることが難しい状況を指します。具体的には、採用、教育研修、給与計算、労務管理など、特定の業務を長く担当してきた人事パーソンほど、「経営課題に対する人事としての打ち手をデータに基づいて提案する」という状況に直面したとき、行き詰まってしまいがちです。従来のオペレーション人事から課題解決型人事への移行は、なかなかスムーズには進みません。

　もう一つの**「部門の壁」**とは、同じ人事部門でありながら、採用、育成、労務など、それぞれの専門分野が独立し、相互不可侵的な関係になっている状況を指します。前述したように、高度化・複雑化した人と組織の課題を解決するためには、人事が一つのチームになって、各機能や施策を組み合わせることが重要なのですが、実際にはそのような連携がなかなかできない人事部門も少なくありません。

　さらに、同じ人事部内でも、担当する分野によって序列意識（ヒエラルキー）やムラ意識が根づいています。例えば、SNSで見かける「採用業務だけで年収1000万円を超えるのは難しい」といった俗説や、「企画

が最も偉い」「育成はキラキラしている」「労務は離れ小島」「給与は地味」といったステレオタイプが存在します。しかし、言うまでもありませんが、このような序列意識やムラ意識がある限り、人事部門がワンチームとして経営課題に立ち向かうのは難しいでしょう。

人と組織の観点から経営にインパクトを与えることが今まで以上に求められている中、人事部内で不毛な対立構造を生み出している場合ではないのです。人事部門はこれまでのあり方や考え方に囚われず、人事の仕事に生じている変化に対応していかなければなりません。

4）日本企業における「人材への投資」の実状

ここまで、近年「人と組織にまつわる課題」が次から次へと登場し、また、それらの課題解決に取り組むことが、企業経営においても重要になっていることを述べてきました。では、実際のところ、日本の企業では、人材への投資がどれほど行われているのでしょうか？

かつて、高度経済成長期の経済を牽引した日本企業の「人を大事にする経営」（従業員の長期的な雇用を保障するという意味）が世界的に注目を集めた時代もありました。しかし、残念ながら、今日の日本企業は、「人に投資をする経営」という意味では、先進諸国と比べて大きく遅れをとっていると言わざるをえない状況です。

図表8に示したのは、先進国間の人材投資（OJT以外）の比較です。対GDP比での投資額を見ると、ドイツ、フランス、イタリア、イギリス、アメリカと比べて、日本の人材投資は低迷しています[8]。**日本は、人の活躍や成長に大きく期待をしていながらも、人に投資を行わない国のワーストワンだと言っても過言ではないかもしれません。**

8）　宮川努・滝澤美帆（2022）日本の人的資本投資について―人的資源価値の計測と生産性との関係を中心として―独立行政法人経済産業研究所
　　［URL］https://www.rieti.go.jp/jp/publications/pdp/22p010.pdf

図表8 際立って低い日本の人材投資

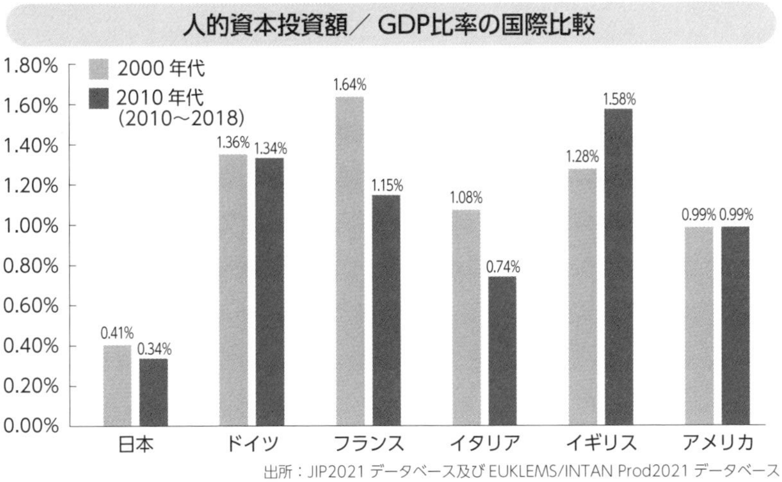

人的資本投資額／GDP比率の国際比較

凡例：
- 2000 年代
- 2010 年代（2010〜2018）

日本：0.41%、0.34%
ドイツ：1.36%、1.34%
フランス：1.64%、1.15%
イタリア：1.08%、0.74%
イギリス：1.28%、1.58%
アメリカ：0.99%、0.99%

出所：JIP2021 データベース及び EUKLEMS/INTAN Prod2021 データベース

出所：宮川務・滝澤美帆（2022）日本の人的資本投資について―人的資本価値の計測と生産性との関係を中心として―独立行政法人経済産業研究所

　このデータに対して、「日本企業の人材育成は、諸外国のそれとは異なり、職場単位で行われるOJT（On the Job-Training）によって支えられているのであって、OJTを除いた能力開発費を国際比較しただけでは、日本企業の人材投資の実態は正しく評価できない」という批判が一部にあるようです。

　確かに、日本企業のOJTは、高度経済成長を陰で支えた「日本のお家芸」と言われ、諸外国から賞賛された時代もありました。それでは、現在、日本企業のOJTはどれほど機能しているのでしょうか？

　まず、どの程度の企業が実際にOJTを実施しているのかを見てみましょう。図表9は、厚生労働省「能力開発基本調査」における正社員に対する計画的なOJT実施率の推移です[9]。同調査によれば、2022年の正社

9）厚生労働省「令和4年度 能力開発基本調査」
　　［URL］https://www.mhlw.go.jp/content/11801500/001111383.pdf

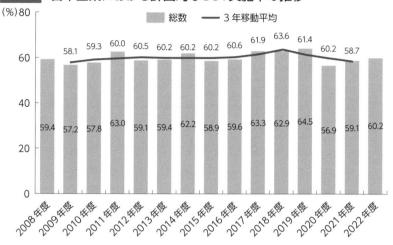

■図表9　日本企業における計画的なOJT実施率の推移

出所：厚生労働省「令和4年度 能力開発基本調査」

員に対する計画的OJT実施率は60％程度となっています。計画的OJT実施率が70％を超えていた1980年代から90年代頃[10] と比較すると低い水準ですが、2000年代以降は60％前後の水準を維持し、大きな変化が見られないことがわかります。

　次に、職場における人材育成の現状を、企業はどのように捉えているのでしょうか。同じく「能力開発基本調査」を見てみましょう。図表10に示したように、自社の能力開発や人材育成に関して「問題がある」と回答する企業（事業所）の割合は、直近の2022年度調査データで初めて80％を上回り、15年間で約10ポイント近く上昇していることがわかりま

10）1980年代から2000年代にかけての計画的OJT実施率の推移については、以下をご参照ください。
　　独立行政法人労働政策研究・研修機構（2006）企業の行う教育訓練の効果及び民間教育訓練機関活用に関する研究結果
　　［URL］https://www.jil.go.jp/institute/siryo/2006/documents/06-013.pdf
11）厚生労働省「令和4年度 能力開発基本調査」
　　［URL］https://www.mhlw.go.jp/content/11801500/001111383.pdf

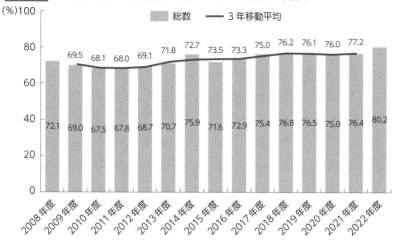

図表10 人材育成に問題意識を感じている企業の割合

(%)100

凡例: 総数 ／ 3年移動平均

3年移動平均値: 69.5 68.1 68.0 69.1 71.8 72.7 73.5 73.3 75.0 76.2 76.1 76.0 77.2

総数値: 72.1 69.0 67.5 67.8 68.7 70.7 75.9 71.6 72.9 75.4 76.8 76.5 75.0 76.4 80.2

年度: 2008年度 2009年度 2010年度 2011年度 2012年度 2013年度 2014年度 2015年度 2016年度 2017年度 2018年度 2019年度 2020年度 2021年度 2022年度

出所：厚生労働省「令和4年度 能力開発基本調査」

す[11]。つまり、現場で人が育っていないことに問題意識を感じている企業の割合は年々高まっているのが現状です。

　さて、本来、人材育成が機能しているかどうかは「人材育成に対する投資額」ではなく、「実際に人が育っているかどうか」をもって評価されるべきとも言えます。そこで、注目されるのは就業者一人当たりの労働生産性です。労働生産性は仕事を通じたパフォーマンスであり、人材育成がもたらす重要な成果指標の一つと言っていいでしょう。

　それでは、日本はどの程度の水準にあるのでしょうか。国際比較したOECD調査データによれば、2022年における日本の就業者一人当たり労働生産性はOECD加盟38カ国中31位という結果でした。

　さらに、図表11は主要先進7カ国の就業者一人当たり労働生産性の順位の変遷を示しています。この図から、日本は過去30年のほとんどで主要先進7カ国中最下位の座をキープするだけでなく、2016年以降は順位も大幅に落としていることがわかります[12]。

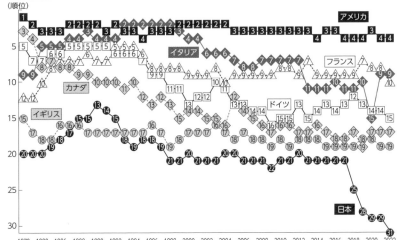

図表11　主要先進7カ国の就業者一人当たり労働生産性の順位の変遷

出所：公益財団法人日本生産性本部（2023）労働生産性の国際比較 2023

　果たして、これらの結果を前にしてもなお「日本企業のOJTは機能している」と言えるでしょうか？

　よく日本企業の強みは「人を大事にする経営」と言われますが、こと「人材育成のための投資」という観点では、この数十年、人に対して十分な投資をしてきたとは言いがたいでしょう。

⑤　人事部門は「枠の外」に位置づけられてきた

　ここまで日本企業全体というマクロな視点で人材育成の現状を概観してきましたが、企業の内部に目を向け、「人事部門への人材投資」という視点で考えてみると、状況はより深刻と言えるかもしれません。

　前述したように、課題解決型人事への変化の中、企業内で各課題に対

---

12)　公益財団法人日本生産性本部（2023）労働生産性の国際比較 2023
　　〔URL〕https://www.jpc-net.jp/research/assets/pdf/report2023.pdf

する施策を実行し、浸透させるためには、人事部門に十分なリソースが必要です。しかし、実際には、取り組む課題の増加に比例して人事部員が増えているわけではありません。企業では通常、売上や利益に直接的に貢献する事業部門の組織強化が優先され、間接部門である人事部門の人員問題は後手に回りがちです。

　前述したとおり、日本企業は他国に比べ、人材への教育投資に消極的です。多くの場合、人事が予算を持つ階層別研修以外の研修は、各部門の予算で独自に実施されます。すなわち、事業部門に対してでさえ、経営は「教育は自分たちの予算でやりくりしてね」といったスタンスを取っていることが少なくありません。売上や利益に直結しない間接部門である人事部門への教育投資はなおさら期待できません。

　このような組織の論理に基づいて、人事部門の組織課題が後回しにされています。ただ、事業部門の課題を優先するマインドは人事部内にも根強く見られます。**人事部門は、自部門のことを「枠の外」と位置づけがちです。現場部門の学びやキャリアの支援を率先して考える一方で、人事部内や人事パーソン自身の学びやキャリアについては「後回し」にしてしまっているケースが多いのではないでしょうか。**

　例えば、多くの企業で実施されている1on1（上司と部下の定期的な面談）があります。筆者が関係するとある企業では、現場（ライン）では1on1を実施しているのに、人事部だけはそれを実施していません。現場の管理職に「1on1を実施せよ」と人事は言っているのにもかかわらず、自分たちは実施しないのです。聞けば「私たち（人事）は、そういうのはいいですよ」と言うばかりです。

　また、こんな経験があります。ある企業でエクセルベースの旧式の人事システムを使っていたので、「どうしてそんなに原始的なシステムを使っているんですか？」と尋ねました。すると、人事の方は「人事のシステムは後回しですよ。まずは、現場のシステムを最新のものにしたほうがいいでしょう？」と言うのです。人事でも最新のシステムを導入し

たいけれど、それは経営に言えない。そのため、「いまだにエクセルベースで、間違いも多いけれど、誰がつくったかわからないマクロを使い続けている」と話していました。

　また、人事パーソンと接していると、「人事がカネを使うのは"後ろめたい"」という言葉をしばしば耳にします。売上や利益に直接的に貢献する部門ではないからなのか、「現場（事業部門）を優先すべき」という意識を持つ人事パーソンは少なくありません。

　人事部門には、このような「枠の外」や「後回し」の考え方が随所に見られます。間接部門に投資するのはいかがなものかという経営のスタンスと、現場優先で自らは「枠の外」「後回し」という人事の考え方が共鳴し、ある種の「共犯関係」が構築されてしまい、人事パーソンの学びとキャリアが顧みられない状況を生み出しています。

人事パーソンの学びとキャリアを より充実したものにするために

1）人事の学びを妨げる「時間」「予算」「周囲の理解」の不足

　次から次へと生まれる新たな「人と組織の課題」を解決していくためには、人事パーソン自身の能力向上と継続的な学びの支援が不可欠です。現代の人事業務は、以前と比べて格段に高度化・複雑化しており、新しい知識やスキルを継続的に身につけていく必要があります。

　重要なことですので、もう一度言います。「人事部くん」や「人事部さん」というような「主体」は存在しません。**人事の業務に携わる人事パーソン一人ひとりの行動と学習が重要なのです。**

　ここで、『日本の人事部』がまとめた『人事白書2021』に掲載されたアンケート結果の一部をご紹介します。図表12には、「人事として学んでいくうえで問題となっていることは？」という設問において、回答割合が高かった上位3つの項目を示しました[13]。

　最も割合が高かった項目は「時間がない」（49.7%）でした。ここまで見てきたように、人事パーソンは、従来のオペレーション中心の業務だけではなく、次々と生まれる新しい課題に対応しなければなりません。また、テクノロジーの活用やデータに基づく経営が重視される中で、人事の扱う仕事はますます高度化・複雑化しています。人事パーソンの約半数が「時間がない」と回答する背景には、そうした人事特有の仕事環境の変化があります。

　次いで多かったのが「予算がない」（31.5%）でした。前述のとおり、

13）『日本の人事部 人事白書2021』
　　［URL］https://jinjibu.jp/research/2021/

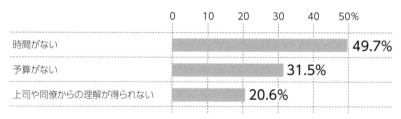

図表12 人事として学んでいくうえで問題となることTOP3

時間がない	49.7%
予算がない	31.5%
上司や同僚からの理解が得られない	20.6%

出所:『日本の人事部 人事白書2021』

営利を目的とする企業では、事業部の目標達成や経営成果の最大化のために経営資源が優先的に配分されることが一般的です。このような環境の中で、間接部門である人事部門および人事パーソンに対する教育投資は後回しにされがちであり、人事パーソン個人の学びやキャリア開発が積極的に支援されているわけではありません。このデータは、まさに、人事部門における教育や学習への投資が十分でない現状を端的に示していると言えるでしょう。

　また、「上司や同僚からの理解が得られない」と感じている人事パーソンが20.6%おり、組織内での人事の役割への認識にも問題があることがわかります。この「上司や同僚からの理解が得られない」という問題は、先ほど述べたように、人事部門の売上や利益に対する貢献が間接的であるという事実や、現場優先の考え方を持つ人事パーソンが少なくないために生じています。

　バックオフィス系業務に従事する人事パーソンは、しばしば「できて当たり前」「できなければ批判される」という減点主義のもとで評価される傾向にあります。このような環境では、成し遂げた大きな成果より、小さなミスや誤りがより目立ち、結果として褒められるより指摘されることが多くなりがちです。このような体験が積み重なることで、人事パーソンは、自らの価値や果たすべき役割を過小評価してしまう傾向があるのではないでしょうか[14]。

ここまでを整理すると、**次から次へと生まれる「人と組織にまつわる課題」に対して、人事パーソンの活躍が期待される一方、人事パーソンに対する組織的な支援、特に人事パーソンの学びとキャリアへの投資はあまりに不十分であると言えます。**

　この状況は人事部門だけの問題ではなく、会社全体が直面している重要な経営課題です。**しかし、それを言い訳にしてしまうと、人生100年時代を生きるビジネスパーソンとして「完走」し切れるかは不透明になってきます。**ここは、いったん、人事パーソン自身が覚悟を決めて、自らの学びとキャリアに向き合うことが求められるでしょう。

　それでは、人事パーソンは、どのように学び、どのようにキャリアを築いていけばいいのでしょうか？

2) 人事パーソンの学びとキャリアを後押しする本書の特徴

　本書は、企業経営における重要性や期待が高まる中で、つい「後回し」にされがちな、人事パーソンの学びとキャリアをより充実させることを目指して書かれました。ここからは、本書の特徴を以下5つのポイントで紹介していきます。

①「人事部」ではなく「人事パーソン」に焦点を当てている
②日本初の人事パーソン大規模調査データに基づいている
③人事パーソンのリアルな仕事のありようを伝えている
④人事パーソンが学びやキャリアを自分ごととして考えるための素材を提供している

---

14) 現場から「理解が得られない」という感覚や「後ろめたさ」は、人事パーソン自身の思い込みによる部分もあります。人事部門に対する認識が、人事パーソンと現場で働く社員との間でどのように異なるのかという認識ギャップの問題については、p091のコラム「人事パーソン神話とその実像」で詳しく取り上げます。

以下、それぞれ解説していきます。

①「人事部」ではなく「人事パーソン」に焦点を当てている

本書の特徴の1つ目は、「人事部」という組織ではなく、そこで働いている「人事パーソン」個人に焦点を当てている点です。

人事パーソンは「人と組織の課題解決」を担っています。「戦略人事」といった言葉を持ち出すまでもなく、経営に対する人事の影響力は高まっています。それゆえに、人事パーソン自身が仕事に誇りとやりがいを持って学び続け、自分自身をアップデートしていく必要があると私たちは考えています。

ところが、ここまで述べてきたように、現実はそう単純ではありません。私たちは仕事柄、人事パーソンの皆さんとご一緒する機会が多いのですが、最近、人事パーソン自身が次から次へと現れる「人と組織の課題」に困惑し、精神的にも身体的にも疲弊しているように感じます。さらに、社員の成長を支える人事パーソン自身が、自らの学びとキャリアに向き合えていないのではないか、といった疑問を抱きました。

このような状況を改善するために何ができるかを考え、私たちはアカデミックの立場から人事パーソンの学びとキャリアを支援する「シン・人事の大研究」というプロジェクトを発足しました。国内で初めての試みであり、その成果をもとに本書が執筆されました。

従来の人事についての議論や調査・研究は、「人事部」という組織をテーマにするものが圧倒的に中心を占めています。「これからの人事部はどうあるべきか？」という人事部論は、数年おきにブームとなり、似通った議論とお決まりの結論が繰り返し展開されてきました。

しかし、そのような抽象的で主体の見えない議論が、果たして実務の

現場にどれほど有用な示唆をもたらしたのかは疑問です。私たちの問題意識はそうした既存の「人事部論」の延長線上にはありません。人事部門で働く一人ひとりにスポットライトを当て、人事パーソン個人の学びとキャリアを探究する、**徹底して地に足のついた「人事パーソン論」**を論じていきたいと考えています。

②日本初の人事パーソン大規模調査データに基づいている

本書の2つ目の特徴は、日本最大級の人事ポータルサイト『日本の人事部』を通じて調査を実施し、1514名の人事パーソンが回答した定量的な調査データ（以下、「人事パーソン全国実態調査」）に基づいていることです。調査の概要は図表13、調査にご協力いただいた人事パーソンの詳細については図表14をご覧ください。

従来、人事パーソンの生の声というと、人事系のメディアやイベントなどで語られる人事リーダーによるポジティブな人事論、またはSNS上の匿名アカウントから発信されるネガティブな人事論という、極端な2つの視点が目立ちます。もちろん、これらの意見の中にも耳を傾ける価値があるものもありますが、人事パーソン全体を代表する意見を抽出す

図表13 **人事パーソン全国実態調査の概要**

実施時期	2022年2月1日（火）〜 2月28日（月）
調査対象	企業で人事関連の仕事（人事、人材開発、組織開発など）に従事している方
	※「人事関連の仕事」とは、ご自身が所属する組織の「人と組織にまつわる業務全般」を指します。所属部署が本社人事部であるか事業部であるかは問いません。採用支援や人事コンサルティングなど、人事担当者に対してサービスを提供する企業に従事されている方は該当しません。
調査方法	ウェブサイト『日本の人事部』でのアンケート
回答者数	1514名
引用時の名称	田中聡・中原淳・日本の人事部（2022）人事パーソン全国実態調査

図表14 調査にご協力いただいた人事パーソンの属性

性　別

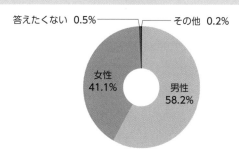

答えたくない　0.5%　　　　その他　0.2%

女性
41.1%

男性
58.2%

年　齢

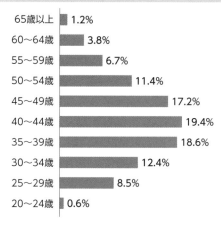

65歳以上	1.2%
60〜64歳	3.8%
55〜59歳	6.7%
50〜54歳	11.4%
45〜49歳	17.2%
40〜44歳	19.4%
35〜39歳	18.6%
30〜34歳	12.4%
25〜29歳	8.5%
20〜24歳	0.6%

職　位

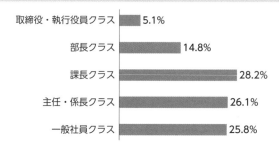

取締役・執行役員クラス	5.1%
部長クラス	14.8%
課長クラス	28.2%
主任・係長クラス	26.1%
一般社員クラス	25.8%

職　種

採用（新卒・中途採用）	18.8%
育成（教育・研修・OJT）・キャリア開発	24.9%
制度・企画	18.5%
給与・評価	6.0%
異動・配置	4.5%
労務・組合関連・福利厚生	7.1%
ダイバーシティ	1.9%
人事データ管理・分析	2.0%
組織開発・従業員調査・組織活性化・風土改革	11.8%
健康経営・メンタルヘルス	1.8%
その他	2.8%

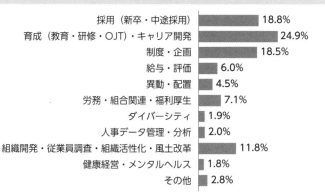

業　界

農業・林業・漁業	0.1%
建設業	3.1%
製造業	34.0%
電気・ガス・熱供給・水道業	1.2%
IT・情報通信業	22.8%
運輸業・郵便業	2.1%
卸売業・小売業	10.7%
金融業・保険業	2.8%
不動産業	1.4%
宿泊業・飲食サービス業	1.7%
医療・福祉	3.0%
その他サービス業	17%

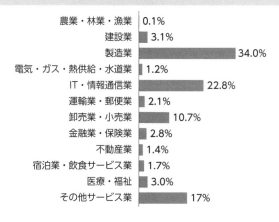

会社規模

10,000名以上	19.8%
5,000名以上10,000名未満	10.0%
1,000名以上5,000名未満	28.4%
300名以上1,000名未満	17.0%
100名以上300名未満	13.0%
100名未満	11.7%

n=1,514

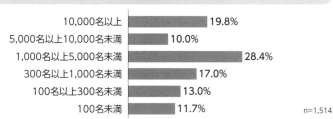

るためには定量的な調査を行う必要があります。私たちが行った「人事パーソン全国実態調査」は、このような必要性に応えるものです。

　また、本書では、人事パーソンの特徴を明らかにするために、人事職に就いていないビジネスパーソン2000名を対象にした「一般ビジネスパーソン調査」も同時に実施し、2つの調査結果を比較するというアプローチをとっています。一般ビジネスパーソン調査の概要については、章末の補足資料（p048）を参照してください。

③人事パーソンのリアルな仕事のありようを伝えている

　本書の3つ目の特徴は、実際に企業で活躍している人事パーソンへのインタビューを通して、そのリアルな仕事のありようを伝えていることです。調査で得られた一般的な意見に加えて、人事パーソン自身の生の声を通じて、彼らの日常業務、業務の高度化への対応、学びの経験などが詳細に語られます。データと実際の経験談を組み合わせることで、人事パーソンの実態がより立体的に読者に伝わるようになっています。

　今回、インタビューに答えていただいたのは、以下の5名の人事パーソンです。ここでは、お名前と肩書きを簡単にご紹介します（肩書きは2024年6月時点のもの）。

　1　北山剛さん
　　　株式会社三井住友銀行
　　　人事部副部長

　2　田中久美さん
　　　株式会社ジャパネットホールディングス
　　　人事本部 採用教育戦略部 ゼネラルマネジャー

3　清水宏紀さん

株式会社カインズ

人事戦略室 兼 人財採用室 室長

※2023年8月時点

4　岩田翔平さん

株式会社メルカリ

People & Culture HR Manager

5　バスマジェ詩織さん

ユニリーバ・ジャパン・ホールディングス合同会社

人事総務本部長

　それぞれキャリアは異なっていますが、5名とも人事部門の中で中心的な役割を果たしている方々です。それだけに、その実践や学び方は、大いに参考になり、刺激にもなるのではないかと思います。

　なお、インタビュー記事は、第1章・第2章・第3章の終わりにそれぞれ収録しています。最後には、5名のインタビューを踏まえての鼎談（田中聡×中原淳×『日本の人事部』編集長 長谷波慶彦）も掲載しています。各章の内容を振り返りながら、じっくりと読んでいただきたいと思います。

④人事パーソンが学びやキャリアを自分ごととして考えるための素材を提供している

　本書の4つ目の特徴は、調査結果（定量データ）や人事パーソンの生の声（定性データ）をもとに、読者一人ひとりが、学びやキャリアを自分ごととして捉えることができる点にあります。

　変化のスピードや不確実性が増す中、将来の自分の仕事や職業に対し

て不安を感じるビジネスパーソンが増えています。本書を手に取られた人事パーソンの中にも、「将来、自分の仕事がAIに置き換えられるのではないか」という不安を抱えている方がいるかもしれません。確かにテクノロジーの進化に伴う効率化は避けられない流れですが、そうした変化に適応し、自らの能力を磨き続けることがビジネスパーソンとして生き残るための鍵です。

特に人事パーソンに関していえば、「人と組織」に関する仕事には、まだまだ自動化できないところがたくさんあります。私たちがこの本で何度も強調している「課題解決」は、まさにその一例です。自分自身をより付加価値の高い仕事にシフトさせていくことが必要になります。

それでは、仕事で成果を出している優秀な人事パーソンは、日々どのように学んでいるのでしょうか。本書の第2章「学び編」では、ハイパフォーマー人事とその他の人事の学習行動の違いを明らかにし、これからどのような学びに取り組む必要があるのかを論じています。

また、今の人事パーソンは総じて忙しく、なかなか自分自身のキャリアを振り返ったり、今後のキャリアについて考えたりする余裕がないのが実態です。本書の第3章「キャリア編」では、若手期・中堅期・ベテラン期の3つのキャリアフェイズに分けて、人事パーソンが直面する課題とその解決策を述べています。

この本を通じて、読者の皆さんは他者（社員）の学びやキャリアではなく、自分自身の学びやキャリアを深く考えるきっかけを得られるはずです。本書は、そのための「成長の鑑（かがみ）」をご提供いたします。

⑤人事パーソン一人ひとりのアクションにつなげるための素材を提供している

本書の5つ目の特徴は、お読みいただいた人事パーソン一人ひとりがこれからどうすればよいかという具体的なアクションにつながる、ということです。

前述のとおり、本書には、私たちが行った「人事パーソン全国実態調査」の結果（データ）や、それを踏まえた学びやキャリアの課題と解決策、また、実際の現場で活躍されている人事パーソンのインタビューなどを盛り込んでいます。よくある「人事かくあるべし論」ではなく、本書を手に取った人事パーソンの一人ひとりが、自らの学びとキャリアを振り返る（リフレクション）ための「鑑（かがみ）」となり、これからのアクションにつなげることができる素材を、できる限り提供しようと考えて編まれた本です。

　繰り返しになりますが、私たちは「人事部はどうあるべきか？」という漠然とした曖昧な問いかけや言葉遊びには一切興味がありません。「人事部」という抽象的な概念が直接的に現実の課題を解決するわけではなく、実際に働いている「人事パーソン」一人ひとりの行動によって初めて変化が生まれ、経営に対しても成果がもたらされると考えています。

　そのため、本書を読んだあとには、それをきっかけに自らの学びやキャリアを内省（リフレクション）し、これからのアクションについて考え、ぜひ実際にそれを行動に移していただきたいと思います。また、できれば、本書をきっかけにして、人事部内のメンバーや気の置けない仲間と対話をしてみてください。

　以上、本書の5つの特徴を紹介しました。

　学びやキャリアに悩みを持つ人事パーソンの皆さんが本書を手に取ることで、人事の仕事に誇りを持ち、「今後も人事のプロフェッショナルとしての道を追求していきたい」と考える人が一人でも増えることを願っています。

これだけは押さえておきたい人事用語集

　本章では、この10年ほどの間に、人事にまつわるテーマが次から次へと現れてきた、と述べました。それらのテーマの中には、すっかり耳なじみになったものもあれば、わかった気になっているけれど、実は正確には理解していない、という言葉もあるでしょう。

　本コラムでは、そんな人事用語をピックアップし、簡単な解説を加えます。なお、いずれの解説も、WEBサイト『日本の人事部』の「人事辞典 HRペディア」から引用しています[15]。

ウェルビーイング

「ウェルビーイング（Well-Being）」とは、身体的・精神的・社会的に良好な状態にあることを意味する概念で、「幸福」と翻訳されることも多い言葉です。世界保健機関（WHO）憲章の前文では、「健康とは、病気ではないとか、弱っていないということではなく、肉体的にも、精神的にも、そして社会的にも、すべてが満たされた状態（Well-Being）にあることをいいます（日本WHO協会：訳）」とされています[16]。

オン・ボーディング

「オン・ボーディング（On-Boarding)」とは、中途入社者を含めた新入社員を早期に戦力化するための施策のこと。業務プロセスを理解するのに必要な情報をポータルサイトにまとめたり、同僚や上司などと定期的に面談して相談や悩みごとを話す機会を設けたりするなど、人事と配

15）『日本の人事部』人事辞典 HRペディア
　　［URL］https://jinjibu.jp/keyword/
16）公共社団法人日本WHO協会　世界保健機関（WHO）憲章とは
　　［URL］https://japan-who.or.jp/about/who-what/charter/

属先の部署などが一体かつ継続的にサポートする点が特徴です。

サステナブル人事

「サステナブル人事」とは、短期的な利益追求だけでなく、長期的な企業価値向上の視点を持ち、企業を取り巻くさまざまなステークホルダーの要請に応えるために行われる持続可能な人材マネジメントのこと。SDGs（持続可能な開発目標）やESG（環境・社会・ガバナンス）投資への関心が高まっている中、企業の経営目標も変化しつつあります。これまで企業は利益を上げることを最優先してきましたが、昨今は環境への配慮やダイバーシティ推進のための取り組み、従業員の幸福の実現など、多角的な視点での経営が求められるようになりました。それを実現するためには人事戦略も変化させる必要があり、サステナビリティ経営に資する人材戦略がサステナブル人事と呼ばれます。

ジョブ型雇用

「ジョブ型雇用」とは、企業が用意した職務内容（＝ジョブ）に対し、必要とする能力や経験がある人を雇用する制度のこと。採用してから職務を割り当てるのではなく、職務ありきで人を採用します。欧米ではスタンダードな制度ですが、日本では一部の企業が導入するにとどまっていました。しかし昨今では、政府・経団連による提言やテレワークの普及により、ジョブ型雇用を導入する企業が増えつつあります。

ダイバーシティ＆インクルージョン

人には人種や性別、年齢などの外見的な違いはもちろん、宗教や価値観、性格、嗜好など、内面にもさまざまな違いがあります。「ダイバーシティ＆インクルージョン（Diversity ＆ Inclusion）」とは、個々の「違い」を受け入れ、認め合い、活かしていくことを意味します。

近年では、ここに「エクイティ（Equity）」を加えた「DE＆I（ダイ

Column

バーシティ・エクイティ＆インクルージョン）」を掲げる企業も増えています。日本語では「公平性」「公正性」などと訳され、一人ひとりがパフォーマンスを出せるよう、個々に合わせて支援内容を調整し、公平な土台をつくり上げることを言います。社会構造の不均衡がある中では、すべての人に同じ支援を行っても、不均衡はそのまま持続します。社会構造格差を是正するための考え方として、個人のスタート地点の違いに着目したDE＆Iの概念が広がりを見せています。

タレントマネジメント

「タレントマネジメント」とは、企業で働く従業員に、その能力やスキルを発揮してもらうため、戦略的に人材配置や人材育成を行うことを指します。もともと人材流動化が激しいアメリカで提唱された人材戦略ですが、近年は多様化が進む日本においても注目を集めています。

働き方改革

「働き方改革」とは「一億総活躍社会」のスローガンのもと、働く人の目線で生産性を向上させる成長戦略のことです。これまで日本企業が想定してきた「無限定正社員」とは異なり、柔軟で多様な働き方を増やすことを目的としています。政府の「働き方改革実現ロードマップ」において、長時間労働の是正や非正規雇用の処遇改善、生産性の向上など9つのテーマが提示された中、「働き方改革関連法」として2019年4月から順次施行されています。

パーパス

「パーパス」（Purpose）は、一般に「目的、意図」と訳される言葉です。近年では、経営戦略やブランディングのキーワードとして用いられることが多く、その場合は企業や組織、個人が何のために存在するのか、すなわち「存在意義」のことを意味します。

ピープルアナリティクス

「ピープルアナリティクス（People Analytics）」とは、社員の人事データや行動データを収集・分析して、人材活用のための知見を得る技術のことです。社員の行動を、カード型やウェアラブル型端末に組み込まれたセンサー技術から得られるビッグデータとして取得し、オフィス環境の最適化などにつなげる手法などがあります。最近では、ピープルアナリティクス専門の部署を設ける企業も増えてきました。

リスキリング

「リスキリング（Reskilling）」とは、職業能力の再開発、再教育のことを意味します。近年では、企業のDX（デジタルトランスフォーメーション）戦略において、新たに必要となる業務・職種に順応できるように、従業員がスキルや知識を再習得するという意味で使われることが増えています。

　経済産業省が2020年に報告した「人材版伊藤レポート」では、人的資本経営を実現する共通要素の一つとして、リスキリングが取り上げられています。2021年には、「人的資本経営の実現に向けた検討会」の報告書に実践事例集を追加した「人材版伊藤レポート2.0」を公表。ここでもリスキリングの重要性が改めて説かれています。

　2022年には、岸田政権が掲げる政策「新しい資本主義」において、リスキリング支援に注力すると表明されました。失われる雇用から新たに生まれる雇用へと円滑に労働力を移動できるように、企業が従業員のリスキリングを推進することを奨励しています。

一般ビジネスパーソン調査の概要

　ここでは、人事パーソン全国実態調査の結果と比較する目的で実施した「一般ビジネスパーソン調査」の概要、また、回答者の属性情報を掲載します。調査にご協力いただいたビジネスパーソンの皆さまに、この場を借りてお礼申し上げます。

実施時期	2022年9月9日（金）～ 9月13日（火）
調査対象	企業で人事の仕事以外の職種に従事している方
調査方法	調査会社モニターを用いたインターネット定量調査
回答者数	2000名
引用時の名称	田中聡・中原淳・日本の人事部（2022）一般ビジネスパーソン調査

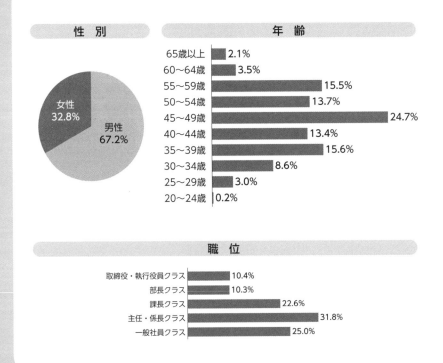

性別

女性 32.8%
男性 67.2%

年齢

65歳以上	2.1%
60～64歳	3.5%
55～59歳	15.5%
50～54歳	13.7%
45～49歳	24.7%
40～44歳	13.4%
35～39歳	15.6%
30～34歳	8.6%
25～29歳	3.0%
20～24歳	0.2%

職位

取締役・執行役員クラス	10.4%
部長クラス	10.3%
課長クラス	22.6%
主任・係長クラス	31.8%
一般社員クラス	25.0%

職　種

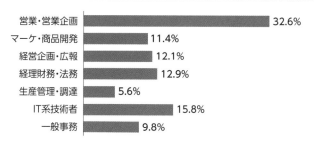

営業・営業企画	32.6%
マーケ・商品開発	11.4%
経営企画・広報	12.1%
経理財務・法務	12.9%
生産管理・調達	5.6%
IT系技術者	15.8%
一般事務	9.8%

業　界

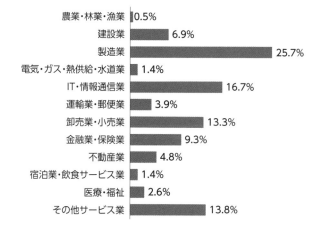

農業・林業・漁業	0.5%
建設業	6.9%
製造業	25.7%
電気・ガス・熱供給・水道業	1.4%
IT・情報通信業	16.7%
運輸業・郵便業	3.9%
卸売業・小売業	13.3%
金融業・保険業	9.3%
不動産業	4.8%
宿泊業・飲食サービス業	1.4%
医療・福祉	2.6%
その他サービス業	13.8%

会社規模

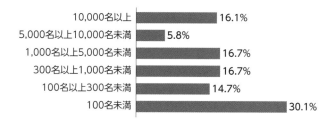

10,000名以上	16.1%
5,000名以上10,000名未満	5.8%
1,000名以上5,000名未満	16.7%
300名以上1,000名未満	16.7%
100名以上300名未満	14.7%
100名未満	30.1%

人事パーソンの
仕事論

今、人事パーソンは、次から次に現れる新たな課題に
追われながら、「新規課題沼」「エンドレスワーク」
「社内ぼっち」という現実の中で、果敢に仕事をこな
しています。「人事パーソン全国実態調査」からは、
そんなリアルが浮き彫りになりました。第1章では、
「人事の仕事」を改めて検討するとともに、調査から
明らかになった、人事パーソンが抱える課題や悩み、
その反面のやりがいの源泉などについて解説していき
ます。

人事パーソンの仕事は
どう変わってきたのか？

1) 人事は経営や事業の成長に「間接的」に貢献する

そもそも、人事の仕事とは、どのようなものなのでしょうか？

序章で述べたとおり、企業の人事部門で働く人事パーソンは、社会から要求されるさまざまな課題に応じる形で、実に多様で広範な仕事に取り組むようになっています。

ここでまず、「人事」という機能の本質について定義しておくと、**人事とは「人と組織の課題解決という手段を通じて、経営と事業の成長に貢献する」機能を持った部門**——ということになるでしょう。

この「人事の仕事とは？」という問いについては、すでに人事業務に長く従事されている読者の皆さんにとって少しくどいように感じられるかもしれませんが、改めて詳しく述べておきたいと思います。

序章でも述べたように、人事の仕事は、オペレーション業務から経営課題解決業務へと質的に変化しています。にもかかわらず、いまだに社内では「人事って、社員に研修する部署でしょ？」「私たちに給与を支払うところだよね」など限定的なイメージで捉えられがちです。

それぞれ間違ってはいませんが、それはあくまで人事の果たす機能の一部でしかありません。人事パーソンのリアルを伝え、知っていただくためには、人事の仕事の全体像を明らかにしながら、そのうえで細部を説明する必要があります。

企業組織において人事部門は、他に類を見ない独自性の強い部門です。その特徴を端的に言うなら、企業経営に対して**「間接的」**な関わりを持

って機能を果たしている、ということになるでしょう。

　例えば、営業部門であれば、商品やサービスを顧客に提供することによって、企業経営に直接的に貢献できます。マーケティング部門であれば、新商品や新サービスの開発、そのプロモーション・販売戦略などによって、企業の売上や利益を直接的に増加させることができるでしょう。また、財務部門であれば、資金調達や自社株の購入などによって、直接的に企業価値の向上に貢献することができます。

　一方、人事部門は、売上や利益といった企業の成果を直接的に生み出すわけではありません。企業の中で働く「人」と「組織」に対して働きかけ、その成長を支援することによって経営に貢献します。そういう意味で、**人事とは、人と組織の観点から企業や事業の成長に「間接的」な影響を与える仕事なのです。**

　企業は、戦略を立て、生産・営業といった現場のラインが戦略を実行し、市場に対して商品やサービスを提供します。その戦略を下から支えるのが「人・組織」です。この「人・組織」にまつわる課題解決を通じて、経営や事業の成長に貢献することが人事部門のミッションです。

　例えば、採用部門は、市場のニーズや企業・事業の成長戦略に合わせて、必要な能力・スキルを持つ人材の要件を定義して採用することで、経営や事業の成長に間接的に貢献しています。

　また、人材開発部門は、従業員のスキルアップやキャリア成長を支援するプログラムを提供し、変化する業界のトレンドや技術進化に対応できる柔軟性と競争力を組織内に構築することで、経営や事業の成長に間接的に貢献しています。

　さらに、人事企画部門は、従業員のモチベーションを維持し、働きがいのある職場環境を提供することで、経営や事業の成長に間接的に貢献しています。

　このように、人事部門は、各自の専門性を活かして、人と組織の観点から課題解決に取り組むことで、経営や事業成長に「間接的にインパク

図表15 人事は「間接的」に成果（利益）に貢献する

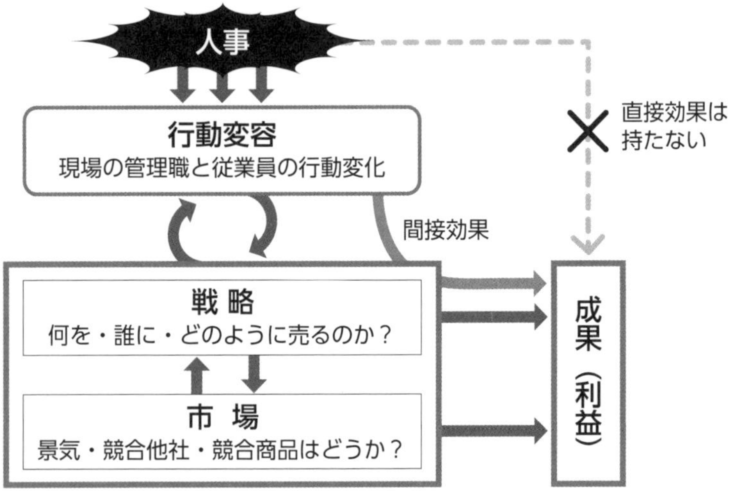

人事

行動変容
現場の管理職と従業員の行動変化

直接効果は
持たない

間接効果

戦略
何を・誰に・どのように売るのか？

市場
景気・競合他社・競合商品はどうか？

成果（利益）

出所：中原淳（2023）『人材開発・組織開発コンサルティング』

トを与える」役割を果たします。

　これを示したのが図表15です。人事の仕事は、現場の管理職と従業員の「行動変容」を導く手段として必要不可欠です。そして、現場の「行動変容」が「戦略」と同期して、厳しい「市場」を耐え抜き、成果（利益）に貢献するのです。

　いくら組織がよい戦略を立てても、よい商品やマーケティング施策をつくっても、最後に人と組織が動かなければ、商品やサービスは売れません。どんなにキラキラした戦略であっても、それに基づいて人と組織が行動をとらなければ「絵に描いた餅」です。つまり、ビジネスの成果は生まれません。その意味で、人と組織はビジネスの「ラストワンマイル」であり、その大事な部分を担っているのが人事である、と言えるでしょう。

　人事パーソンが担う個別の業務は、採用、研修、異動、評価、報酬制度の設計などです。しかし、それらの業務を貫く共通のテーマは、「人

と組織の課題解決という手段を通じて、戦略と同期しながら、**経営と事業の成長に貢献する**」という点にあります。その間接性こそが重要なポイントです。人事の仕事は経営に対して「間接的」な影響力を行使するものですが、この役割がしっかりと果たされなければ、ビジネス活動の基盤を揺るがすことになります。

　人材を確保し、マネジャーのリーダーシップの強化を図り、メンバーの能力開発をサポートする──。これらによって組織は強くなり、結果として事業の成功確率が高まります。経営や事業がしっかり成果につながるためには、その「ラストワンマイル」を支える人事の機能が欠かせないのです。

2) 人事の具体的な機能

　さて、人事は経営や事業の成長に「間接的」に貢献する仕事であることを確認したうえで、ここからはその具体的な機能について説明していきます。前述のとおり、今、人事は多様で広範な仕事に取り組んでいますが、代表的な機能としては次の10種類にまとめられます。

①採用（新卒・中途採用）
②育成（教育・研修・OJT）・キャリア開発
③異動・配置
④制度・企画
⑤給与・評価
⑥労務・組合関連・福利厚生
⑦人事データ管理・分析
⑧ダイバーシティ＆インクルージョン
⑨組織開発・従業員調査・組織活性化・風土改革
⑩健康経営・メンタルヘルス

図表16 人事の具体的な機能

a. 人材獲得と配置	①採用（新卒・中途採用） ③異動・配置
b. 人材開発と評価	②育成（教育・研修・OJT）・キャリア開発 ④制度・企画 ⑤給与・評価
c. 従業員の健康と 　 ウェルビーイングの促進	⑥労務・組合関連・福利厚生 ⑦人事データ管理・分析 ⑩健康経営・メンタルヘルス
d. 組織マネジメント	⑧ダイバーシティ＆インクルージョン ⑨組織開発・従業員調査・組織活性化・風土改革

　さらに、これらを機能別に大別するならば、図表16に示すように、①③は「a. 人材獲得と配置」、②④⑤は「b. 人材開発と評価」、⑥⑦⑩は「c. 従業員の健康とウェルビーイングの促進」、⑧⑨は「d. 組織マネジメント」というカテゴリーに分けられます。以下、それぞれについて簡単に説明していきます。

a. 人材獲得と配置

　組織が目指すビジョンと目標を達成するには、適切な人材の確保が欠かせません。これらを達成するために、適切な人材を獲得し、適切なポストに配置することは人事の基本的かつ重要な機能です。

　具体的には、まず自社にとって必要な人材を定義し、新卒および中途採用を通じて、多様で幅広いバックグラウンドを持つ優秀な人材を獲得します。採用プロセスにおいて、人事パーソンは、候補者の技術的なスキルだけでなく、組織文化に適合するかどうか、そして、将来的な事業ニーズを満たすポテンシャルを持つかどうかを評価する役割を担います。人手不足の時代において、優秀な人材を獲得することの難易度は高まり続け、企業の頭を悩ます重要な経営課題となっています。

　また、適切な人材を組織内で最も必要とされる場所に配置することも、

組織の成長戦略を実現するうえで重要な役割です。人材の能力、経験、キャリア志向を分析し、組織の戦略的な目標達成に貢献できるような配置を行う必要があります。異動・配置は、個人の成長と組織力強化の両方を促進する機会となります。

　このように人材獲得と配置を適切に管理することで、組織は競争力を維持し、持続可能な成長を遂げることができます。

b. 人材開発と評価

　人事パーソンにとって、人材開発（社員のスキルアップ・キャリア開発）および業績の評価は、組織の成長と直結する重要な要素です。

　人材開発には、専門的な研修プログラム、職場における実務経験を通じた学び（OJT）だけでなく、キャリアアップを目指すための個別的な支援なども含まれます。

　昨今、テクノロジーの急速な進化やリモートワークの普及によって、従業員の能力開発のアプローチも変化を迫られています。例えば、オンライン学習プラットフォームなどを用いて、社員一人ひとりのニーズに合った学び方を選択できるような学習機会を提供することなどが求められています。これらの教育機会を提供することで、社員は自己実現を図りつつ、組織の目標達成に貢献できるスキルと知識を習得します。

　キャリア開発の支援では、従業員が自身のキャリアパスを明確にし、長期的なキャリア目標に向けて計画的に進むことができるようにサポートします。これには、定期的なキャリアカウンセリングやメンタリングプログラムの実施が含まれます。

　また、パフォーマンス評価システムを通じて、従業員の業績を公正かつ客観的に評価します。この評価は、報酬の決定、昇進、個々の開発計画の策定に役立てられ、従業員のモチベーションの向上と組織全体のパフォーマンスの向上に寄与します。

c. 従業員の健康とウェルビーイングの促進

　社員が日々の業務において高いパフォーマンスを発揮するためには、健康で安全かつ支援的な職場環境の構築が不可欠です。人事部門は、労務管理、福利厚生の提供、健康管理プログラムの実施を通じて、このような環境を整える責任を担っています。

　具体的には、労働法の遵守、適切な労働条件の確保、従業員の健康と安全に対する取り組みなどが含まれます。また、メンタルヘルスのサポートやワークライフバランスの促進など、従業員の精神的な健康を支えるプログラムも重要です。これにより、ストレスの低減、職場満足度の向上、生産性の向上が期待されます。福利厚生の充実は、従業員のロイヤルティを高め、優秀な人材の獲得や定着率の向上にも寄与します。

　近年、コロナ禍（COVID-19）などの影響で、社員一人ひとりが働く環境が多様化し、これまでには見られなかったさまざまな労務リスクが顕在化しています。例えば、リモートワークの普及により、物理的なオフィスから離れた場所での仕事が一般的になり、従業員の健康管理、労働時間の管理、コミュニケーションの質といった面で新たな課題が生じています。さらに、チーム間のコミュニケーションや結束力の維持も、物理的な距離がある中での大きな課題です。

　これに対処するため、従業員間のコミュニケーションを促進するためのツールの提供や、バーチャルでのチームビルディングを高める試みを検討する企業も出ています。また、メンタルヘルスの支援に関しても、リモートワークによる孤独感やストレス増加を受けて、カウンセリングサービスの提供やウェルネスプログラムの強化が求められています。

d. 組織マネジメント

　人事が扱う対象は、従業員一人ひとり、すなわち「個人」だけではありません。個人の集合体である「組織（職場）」がよりよく機能するために行われる人事的な介入全般をまとめて、ここでは「組織マネジメン

ト」と表現します。

　組織マネジメントにおける人事の役割は多岐にわたりますが、中でも「組織開発」はその核心をなす活動です。著者の一人である中原淳は、著書『組織開発の探究』の中で、組織開発を「組織をWORKさせるための意図的な働きかけ」であると定義しています[17]。人を集めただけでは、組織としてのパフォーマンスは十分に発揮されません。組織開発は組織に対して意図的に働きかけ、組織を機能させ、成果を創出することができるようにする取り組みです。

　そのための手段として「従業員調査（サーベイ）」を用いる場合もあります。組織のプロセスや関係性を見直し、より効率的で生産性の高い職場を実現するためには、従業員からのフィードバックを収集する従業員調査が欠かせません。調査を通じて課題を「見える化」することで組織内での対話が促され、組織活性化や風土改革に向けたアクションにつながります。

　また、ダイバーシティ・エクイティ＆インクルージョンの促進もこのカテゴリーにおける重要なテーマです。異なる背景や視点を持つ従業員が互いに尊重し合い、協力して働くことができる環境を整えることで、組織はより創造的で革新的な解決策を生み出すことができます。組織全体の包括性を高め、従業員一人ひとりが自身の能力を最大限に発揮できるようにすることで、組織の競争力を強化します。

　このように組織マネジメントは人事にとって重要な機能です。特にこの組織マネジメントは、近年多くの日本企業で導入が検討されている**「事業部人事（Human Resource Business Partner：HRBP)」**が中心となって担う領域です。**事業部人事とは、事業部門における人と組織の課題解決をミッションとする人事プロフェッショナルチームで、経営**

---

17)　中原淳・中村和彦（2018）『組織開発の探究：理論に学び、実践に活かす』ダイヤモンド社.

と現場（事業部門）をブリッジしながら価値を提供する役割を担っています。本社人事と比べて現場により近い距離で仕事をする事業部人事は、組織開発、従業員調査、風土改革、ダイバーシティ推進といった組織マネジメントをリードし、事業の中長期的な成長を支えることを期待される存在です[18]。

3）高度化する人事の役割

　人事が果たす役割は、時代によって少しずつ変わり、高度化してきました。ここでは、人事が果たす役割の変遷を見ていきましょう。

　図表17に示すのは、アメリカ・ミシガン大学教授のデイビッド・ウルリッチが1996年に提唱した「戦略人事」のフレームワークです。ウルリッチは、著書『Human Resource Champions：The Next Agenda for Adding Value and Delivering Results（邦題：MBAの人材戦略）』の中で、人事の役割を4つのカテゴリーに分類して解説しています[19]。

　人事の役割に対する最も一般的なイメージは、左下の象限にある「管理エキスパート」でしょう。管理エキスパートとは、就業に関するインフラ環境を整備することが主な役割です。具体的には、従業員の勤怠情報を適切に管理したり、業務の効率性を高めるための人事制度や人事システムを整備したりすることが挙げられます。

　次にイメージされるのは、右下の象限に位置する「従業員チャンピオン」ではないでしょうか。従業員チャンピオンとは、従業員と対話を重ね、時には従業員の声を代表して経営陣に伝え、人事施策に反映する役割です。会社と従業員が良好なパートナー関係を築くために不可欠な役割であり、日本企業ではそれを労働組合が担うこともあります。

---

18) 事業部人事（HRBP）については、p096のコラム「事業部人事（HRBP）とは？」で詳しく取り上げます。

19) Dave Ulrich (1996) *Human Resource Champions: The Next Agenda for Adding Value and Delivering Results,* Boston: Harvard Business Review Press, p.24.

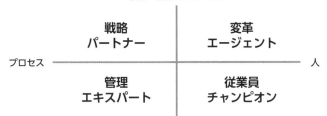

図表17 ウルリッチの「戦略人事」のフレームワーク

未来／戦略にフォーカス

戦略 パートナー	変革 エージェント
管理 エキスパート	従業員 チャンピオン

プロセス ─────────────── 人

日常／業務にフォーカス

出所：Dave Ulrich（1996）*Human Resource Champions: The Next Agenda for Adding Value and Delivering Results*, Boston: Harvard Business Review Press, p.24.

　一方で、人事には、足元の課題解決だけではなく、未来をより発展させていくための機能もある、というのがウルリッチの考えです。左上にある「戦略パートナー」とは、会社の経営目標・事業目標を達成するために必要な人事戦略を立案し、遂行する役割のことを指します。人事は経営層と同じ目線に立ち、時には「人と組織」の観点から経営層に戦略を提案することも求められます。

　また、右上の象限に位置するのは「変革エージェント」です。変革エージェントの役割とは、企業理念やパーパスに沿って会社を推進していくための全社変革をリードすることです。中長期的な視点から企業文化をどのように醸成していくかを考え、実行します。こうした機能は、変化が激しい時代にあって、ますます重要性を増しています。

　ウルリッチによって「戦略人事」という考え方が提唱された1990年代、アメリカでは「人事の仕事は、イコール、給与計算」のように見なされていました。人事は「経営と事業の成長に貢献する」ものという考えは、当時あまり意識されていなかったのです。これに対して、ウルリッチはより経営に資する人事に変わるべき、と主張したわけです。

　また、ウルリッチは、人事部門は経営と事業の成長に貢献するべきと

いう考え方に基づき、前述した「事業部人事（HRBP）」の必要性を論じ、世界の経営に大きな影響を与えました。それから少し時間はかかりましたが、日本でもその考え方が少しずつ広まり、特に2010年代半ば以降、事業部人事を拡充する企業が増えてきています。

この人事の4つの役割は、時代とともにその重要性が少しずつシフトしています。時系列でいうと、人事のコア機能である「管理エキスパート」をスタートポイントとして、だんだんと、より経営や事業に貢献する「戦略パートナー」としての役割が求められるようになりました。1990年から2000年代にかけてはまさに「戦略パートナー」としての役割が人事に強く期待された時代だったと言えます。

その後、ソフトな部分、つまり「人」への関心が高まります。2008年に起こった世界金融危機（通称リーマンショック）以降、経営合理性を過度に追求しすぎたことへの反省から、アメリカの企業を中心に、もっと従業員一人ひとりの声に耳を傾ける必要があるという問題意識が広がり、人事には「従業員チャンピオン」としての役割が強く求められるようになりました。日本では、2010年代半ば以降、急速に進んだ人手不足も影響して、「従業員チャンピオン」としての役割が一層期待されるようになりました。

さらに、2020年以降になると、コロナ禍（COVID-19）をはじめ、目まぐるしく変化する経営環境の中で、自社のパーパスや企業理念を見直そうとする動きが加速し、「変革エージェント」としての役割が求められるようになっています。

ところで、ウルリッチが「戦略人事」を提唱したのは1996年で、今から約30年前のことです。そのビジョンに共感する経営者、人事パーソンは少なくないと思いますが、実際にそれが日本企業において実現し、機能しているかというと疑問です。

参考として、『日本の人事部』による『人事白書 2024』での人事部門

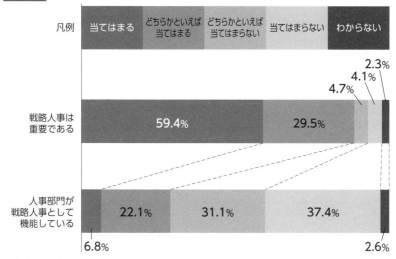

図表18 戦略人事は重要でありながら機能していない

凡例: 当てはまる / どちらかといえば当てはまる / どちらかといえば当てはまらない / 当てはまらない / わからない

戦略人事は重要である: 59.4% / 29.5% / 4.7% / 4.1% / 2.3%

人事部門が戦略人事として機能している: 6.8% / 22.1% / 31.1% / 37.4% / 2.6%

出所:『日本の人事部 人事白書2024』

へのアンケート結果を見てみましょう。図表18に示すのは、「戦略人事は重要である」という問いと、「人事部門が戦略人事として機能している」という問いに対する回答結果です[20]。

　このアンケートでは、全体の88.9%（「当てはまる」59.4%、「どちらかというと当てはまる」29.5%の合計）が「戦略人事は重要である」と回答している一方で、「人事部門が戦略人事として機能している」と回答したのは全体の28.9%（「当てはまる」6.8%、「どちらかというと当てはまる」22.1%の合計）にすぎないことがわかります。

　戦略人事の重要性の認識に対し、現実に戦略人事が機能している企業は少なく、そのギャップは極めて大きいと言えます。さらに残念なことに、図表19に示すように、この傾向は10年近く変わっていません。

　なぜ、重要であると認識していながら、「戦略人事」として機能する

20）『日本の人事部 人事白書2024』
　　［URL］https://jinjibu.jp/research/

図表19 10年近く変わらない「戦略人事」の重要性と機能のギャップ

「戦略人事は重要である」と回答した割合

100.0% ─95.2%─ 94.3%
89.0%　　84.8%　87.2%　91.0%　86.7%　88.6%　88.9%

75.0%

10年近く経っても
ギャップは埋まっていない

50.0%

25.0%
25.8%　32.2%　31.6%　28.4%　27.6%　31.3%　29.9%　29.3%　28.9%

「人事部門が戦略人事として機能している」と回答した割合

0.0%　2016　2017　2018　2019　2020　2021　2022　2023　2024

注：各質問に「当てはまる」または「どちらかといえば当てはまる」と回答した割合を示している。なお、2016年および2017年については、「戦略人事は重要である」「人事部門が戦略人事として活動できている」と感じるかどうかを尋ねており、グラフに示したのは「強く感じる」または「感じる」と回答した割合である。

出所：『日本の人事部 人事白書』をもとに作成

ことができないのでしょうか？

　おそらくそれは、先に挙げた10種類の人事機能が、それぞれ専門性を高めながらも、経営課題に対して連動して解決に取り組むことを阻む「何か」があるのだと思われます。そのことは、本書で徐々に明らかにしていきたいと思います。

4) 人事の諸機能が一つのチームとなる

　ここで、人事の具体的な役割について話を戻します。先ほど10種類の人事の役割を紹介し、それらを「a. 人材獲得と配置」「b. 人材開発と評価」「c. 従業員の健康とウェルビーイングの促進」「d. 組織マネジメント」の4つのカテゴリーに大別して説明しました。

　その中でも「組織マネジメント」と「従業員の健康とウェルビーイングの促進」の2つのカテゴリーは、近年、急速に関心が高まっている領

域です。最近では、例えば「ウェルビーイング推進室」「ピープルアナリティクス推進室」「DE＆I推進室」など、新たな部署を人事部門内に設ける企業が増えています。

こうした動きは、人事の役割が高度化していることを象徴する変化と言えますが、気をつけなければならないのは**「出島化」**です。すなわち、専門部署が新設されることによって、外部から見れば会社として本気で取り組んでいるように見えますが、人事部内で「ピープルアナリティクスはあの部署に任せておけばOK」「ウェルビーイングは人材開発チームの私たちには関係ない」などという**「他人事化」**が芽生えるリスクを孕んでいるということです。

これが、ウルリッチの掲げた「戦略パートナー」「変革エージェント」に反する動きであることは言うまでもないでしょう。人事部門が経営の戦略実現パートナーとして、また変革のエージェントとして機能し、人と組織の課題を効果的に解決していくためには、**人事の諸機能が個別に動くのではなく、一つのチームになって連動しなければなりません。**実際に、そのような経営課題は著しく増えてきています。

ここでは、例として「ダイバーシティ＆インクルージョン」の実現について考えてみましょう。

人と組織に関わる経営者からの「指示」は、多くの場合、漠然としています。世の中の趨勢や政府・関係省庁の動きを察して、そこからある種の「圧」を受けることで、経営者は自社の人事部門に「ポンッ」と課題を投げます。

例えば、「うちの会社も、もうちょっと女性管理職比率を上げなければならないと思う」といった漠然とした課題が与えられ、人事はその解決に向かって動き始めます。

女性管理職比率を上げるためには、そもそも社員の女性比率を高めなければなりません。採用で女性を増やすために「①採用（新卒・中途採

用）」チームが前年のやり方を見直し、新たな採用のあり方やプロモーションの施策を検討し、導入します。

　そうして無事にキャリア志向のある意欲的な女性社員を多数採用できたにもかかわらず、1年後にヒアリングすると、彼女たちの昇進に対する意欲が下がっていることが判明しました。みんなが口を揃えて、「長時間労働で疲弊する上司を見て、管理職になりたいというモチベーションが落ちた」と言います。

　そうすると「企業内働き方改革」が始動します。「⑨組織開発・従業員調査・組織活性化・風土改革」チームが、昇進意欲をエンゲージメント・サーベイなどで測り、さらに、管理職の働き方を変えるために「②育成（教育・研修・OJT）・キャリア開発」チームがフル回転して、新たな管理職研修を実施します。

　同時に「③異動・配置」「⑤給与・評価」チームが、管理職の登用基準を見直し、評価基準を変えます。

　場合によっては「⑩健康経営・メンタルヘルス」チームの出番もあるでしょう。疲弊した管理職をケアし、さらにはメンバーも含めて予防措置を施す必要があるからです。

　この間、女性社員の意欲を取り戻すべく、「②育成（教育・研修・OJT）・キャリア開発」チームが新たなサポート策を検討し始め、他にも「⑨組織開発・従業員調査・組織活性化・風土改革」チームがモチベーション改善のための対話施策を始めることもあるでしょう。

　言うまでもないことですが、女性管理職比率を上げることは短期間で達成できることではありません。これらの同時多発的な施策を年単位で、長期にわたって継続していかなければなりません。

　さて、上記の事例からも、人事の諸機能がバラバラに動いていたら、経営から期待されるような戦略実現は到底果たせない、ということがおわかりいただけたかと思います。

もちろん、ことは「ダイバーシティ＆インクルージョン」だけにとどまりません。序章で紹介した世の中からの要請も相まって、人事の仕事は高度化せざるをえません。「戦略人事は重要だけど、実現は難しい」と嘆いて諦めるのではなく、**人事の諸機能が有機的に関わり合い、一つのチームとなって経営課題にタックルできる「人事部自身の組織づくり」に本気で取り組む必要があります。**

人事パーソンは仕事に
どう向き合っているのか？

1) 調査から浮き彫りになった3つのキーワード

　ここまで、企業の中で、人事が果たす役割・機能は何なのか、それらにどのような変化が起こっているのかを見てきました。

　では、一人ひとりの人事パーソンは、自分たちの仕事について、具体的にどのような変化を実感しているのでしょうか？

　私たちの調査では、人事パーソンが感じている現在の仕事の特徴として、「**①新規課題沼**」「**②エンドレスワーク**」「**③社内ぼっち**」の3つのキーワードが浮き彫りになりました。ここからは、調査結果を踏まえながら、それぞれのキーワードについて詳しく見ていきましょう。

①新規課題沼

　1つ目のキーワードは「**新規課題沼**」です。

　図表20は、人事パーソンが「今の仕事内容にあてはまるもの」を選択回答した結果を示しています。これを見ると、全体の59％が「**常に新しい課題に対処しなければならない**」と回答していることがわかります。

　前述したとおり、昨今、人と組織にまつわる課題が次から次に出てきています。残念ながら、これらの課題の一つひとつに対して、じっくりと向き合って取り組んでいる余裕はありません。一つ解決してまた次の

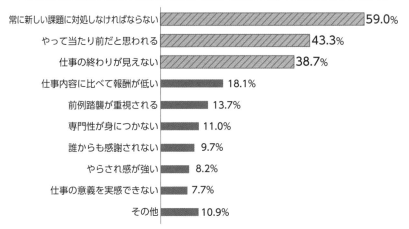

図表20 現在の仕事内容に対する人事パーソンの実感

今の仕事内容にあてはまるもの（あてはまる回答者の割合）

常に新しい課題に対処しなければならない	59.0%
やって当たり前だと思われる	43.3%
仕事の終わりが見えない	38.7%
仕事内容に比べて報酬が低い	18.1%
前例踏襲が重視される	13.7%
専門性が身につかない	11.0%
誰からも感謝されない	9.7%
やらされ感が強い	8.2%
仕事の意義を実感できない	7.7%
その他	10.9%

出所：田中聡・中原淳・日本の人事部（2022）人事パーソン全国実態調査

課題へ、というのが理想ではありますが、実際には、一つの課題を解決する前に次の新たな課題に着手しなければなりません。未解決問題ばかりがどんどんと積み重なっていき、いつの間にか四方八方新規課題だらけという事態に陥ってしまっているのが現状です。

例えば、「シニア活用」や「生産性向上」について考えてみましょう。これらの課題が多くの企業で注目され始めたのは、人手不足が顕在化した2014年頃からです。それから10年ほどが経過しましたが、これらの課題が完全に解決されたと言える企業は少なく、多くの企業で未解決のまま残されているというのが現状ではないでしょうか。

まるで「新規課題」という名の「沼」にはまり、そこから身動きが取れなくなってしまっているような様子を形容して、本書では「新規課題沼」と名づけました。

さて、新規課題の沼にはまってしまうという状況は、「変化の激しい

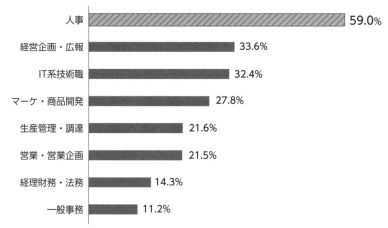

図表21 新規課題沼にはまる人事パーソン

常に新しい課題に対処しなければならない（あてはまる回答者の割合）

人事	59.0%
経営企画・広報	33.6%
IT系技術職	32.4%
マーケ・商品開発	27.8%
生産管理・調達	21.6%
営業・営業企画	21.5%
経理財務・法務	14.3%
一般事務	11.2%

出所：田中聡・中原淳・日本の人事部（2022）人事パーソン全国実態調査・一般ビジネスパーソン調査

時代」と言われて久しい昨今、「人事職に限らず、あらゆる職種に共通することではないか？」と思われる方もいらっしゃるかもしれません。私たちもプロジェクト発足当初はそのように考えていました。

しかし、図表21に示すように、他職種（一般ビジネスパーソン調査）と比較しても、人事パーソンは突出して「常に新しい課題に対処しなければならない」と感じている人の割合が多いことが明らかになりました。つまり、会社の中で最も新規課題沼にはまりやすいのが人事パーソンだということです。

ここでいう新規課題とは、人事部内の専門領域で個別に対応するオペレーション業務に関する課題ばかりではありません。ここまで何度も述べているように、むしろ最近の人事課題は、自社の経営課題、さらには社会的課題に直結するようなテーマが多くなっています。

例えば、最近では「D&I（ダイバーシティ＆インクルージョン）」から一歩進んで、「DE&I（ダイバーシティ・エクイティ＆インクルージ

ョン）」という考え方が注目を集めています。職場における「多様性
（Diversity）」「公平性（Equity）」「包括性（Inclusion）」の3つの要素の
頭文字を取った言葉で、これらの概念を組織文化の中核とした経営を行
うということです。

　性別による雇用機会の差別を撤廃するといった従来の考えとは大きく
異なり、民族や宗教、性的指向などの人々の違いを尊重し（多様性＆包
括性）、すべての従業員が活躍できる環境・機会を公平に享受し（公平
性）、価値を発揮できる組織づくりをしていこうとするものです。組織
のパフォーマンス向上だけでなく、社会的責任（CSR）を果たすことで、
企業のブランド価値を向上させることにもつながる人事的な試みとして
注目を集めています。

　このDE&Iを全社で推進するためには、既存の組織の仕組みを大きく
変革する必要があります。例えば、従来の新卒一括採用・総合職採用を
見直し、通年採用・職種別採用に変更する必要があるでしょう。さらに、
一人ひとりのキャリア志向に合わせた多様な教育機会やキャリアパスが
用意され、個人が選択可能な状況をつくることも重要です。

　それだけではありません。人事評価や昇進・昇格のプロセスにおける
公平性を高めるために目標設定や評価基準の見直しも必要です。もしか
すると、その過程では会社の行動規範（バリュー）を検討する必要も出
てくるかもしれません。さらには、多様な働き方を尊重するため、既存
の業務管理ツールを見直す必要も出てくるでしょう。

　このように、一つのテーマだけでも影響範囲は多岐にわたります。人
事内だけで完結する業務などほとんどなく、多くの場合、経営層やさま
ざまな関連部門と調整しながら全社を変革するような大きな課題に対応
しなければなりません。一つの人事施策、人事部だけの試みで、経営に
インパクトを残すことはできません。**人事の仕事はいわば「総合格闘
技」です。**そして、そこにはたくさんの**「ステークホルダー（利害関係
者）」**が関与してくるものなのです。

②エンドレスワーク

2つ目のキーワードは「**エンドレスワーク**」です。

先ほどの図表20（p069）を見ると、全体の38.7％が、今の仕事内容に関して「**仕事の終わりが見えない**」と感じていることがわかります。図表22に示すように、この項目についても、人事パーソンは他職種と比べて割合が高くなっています。

1つ目の特徴として先ほど述べた「新規課題沼」が、「終わりの見えない仕事（エンドレスワーク）」を生み出していることは明らかです。常に新しい課題に対処しなければならない状況では、仕事が際限なく続いてしまうことが容易に想像できます。

エンドレスワークを生み出すもう一つの要因として、「**仕事の目標（ゴール）を設定しにくい**」という人事の仕事の特性が考えられます。人事の仕事は、従業員の感情や組織の風土といった目に見えないものを扱うことが多く、営業や生産現場のように定量的な目標を設定することが難しいという特徴があります。つまり、いつまでに何を達成すればよいのかが見えづらい、ということです。扱う対象が見えづらく、明確な目標を設定できないことが、「仕事の終わりが見えない」という状態を生み出していると考えられます。

この点は、学校の教員と似ている部分があります。昨今、学校現場の働き方改革が叫ばれていますが、その背景の一つには、「子どもにとっていいことは何でもしよう」とするあまり、業務がどこまでも肥大化していることが挙げられます。人事の仕事においても、「従業員と組織にとっていいこと」を追求しようとするあまり、業務はどこまでも際限なく広がり、かつ、いつまでもできてしまうし、やめられない、という側

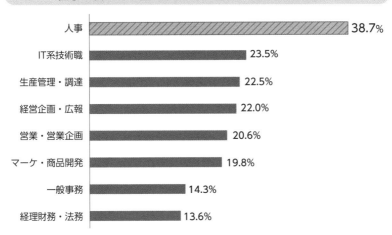

図表22 人事の仕事は終わりが見えない

仕事の終わりが見えない（あてはまる回答者の割合）

人事	38.7%
IT系技術職	23.5%
生産管理・調達	22.5%
経営企画・広報	22.0%
営業・営業企画	20.6%
マーケ・商品開発	19.8%
一般事務	14.3%
経理財務・法務	13.6%

出所：田中聡・中原淳・日本の人事部（2022）人事パーソン全国実態調査・一般ビジネスパーソン調査

面があります。

　また、私たちの調査では、人事パーソンの13.7％が「前例踏襲が重視される」と回答していました。この割合自体は際立って大きいわけではありませんが、図表23に示すように、他の職種に比べて高くなっています。この背景には、まず人事にはルーティン業務が多いことが挙げられるでしょう。加えて、多くの人事部門（および人事パーソン）に、研修にしろ、制度にしろ、**「いったん始めたものをやめるのが苦手」**という傾向があることも影響しているように思います。

　人事のリソースは有限であるのに対して、人と組織の課題は次から次へと無限に降ってきます。**この「有限なリソース」と「無限に生じる課題」というジレンマを克服するためには、いま手がけている業務の優先順位を設定し、何をやめるか（やらないか）を意思決定する必要があります。**つまり、業務の「優先順位づけ」と「取捨選択」をしなければなりません。一度始めたことをやめないまま、新しい課題に対処しようと

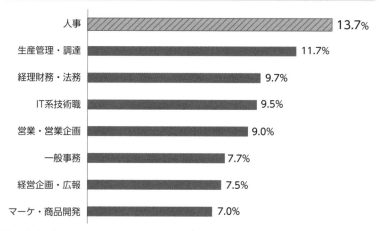

図表23 他職種よりも前例踏襲が重視される

前例踏襲が重視される（あてはまる回答者の割合）

人事	13.7%
生産管理・調達	11.7%
経理財務・法務	9.7%
IT系技術職	9.5%
営業・営業企画	9.0%
一般事務	7.7%
経営企画・広報	7.5%
マーケ・商品開発	7.0%

出所：田中聡・中原淳・日本の人事部（2022）人事パーソン全国実態調査・一般ビジネスパーソン調査

し続ければ、当然ながら、いつかパンクしてしまいます。人事部門や人事パーソンのこうした傾向が「エンドレスワーク」を助長している一面もあるでしょう。

③社内ぼっち

3つ目のキーワードは「**社内ぼっち**」です。

人事の仕事は現場から理解されにくく、また、評価・査定などオープンにできない人事情報を扱っているという特殊な事情もあって、気軽に仕事の愚痴や悩みを他部門で働く社員に吐露できません。それが影響して、人事パーソンは「孤独」に仕事に当たっている傾向があります。本

書では、この現象を「社内ぼっち」と名づけます。

　先ほどの図表20（p069）を見ると、人事パーソンの43.3%が、今の仕事内容に関して**「やって当たり前だと思われる」**と感じていることがわかります。図表24に示すように、この項目についても、人事パーソンは他職種と比べて割合が高くなっています。

　人事は、経理財務や法務など他のバックオフィス系職種とは異なり、ビジネスパーソンであれば誰もが一度は接したことのある仕事です。例えば、多くの人は、入社時の採用面接や入社後の研修などを通じて人事の仕事（の一端）に触れています。また、部署異動の手続きや人事制度改定の説明会などの機会に、人事の仕事に接することもあるでしょう。そのような限られた接点の中で得た断片的な情報を手がかりに、他部門の人たちは「人事の仕事とは、きっとこういうものだろう」という一面的な印象を形成しがちです。

　しかしながら、実際には、人事部門がどのような機能や役割を担って

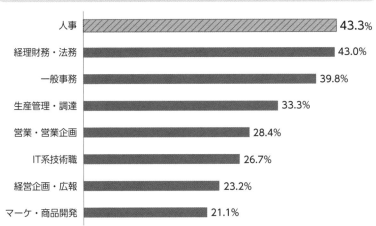

図表24 **やって当たり前だと思われる人事の仕事**

やって当たり前だと思われる（あてはまる回答者の割合）

人事	43.3%
経理財務・法務	43.0%
一般事務	39.8%
生産管理・調達	33.3%
営業・営業企画	28.4%
IT系技術職	26.7%
経営企画・広報	23.2%
マーケ・商品開発	21.1%

出所：田中聡・中原淳・日本の人事部（2022）人事パーソン全国実態調査・一般ビジネスパーソン調査

いるのか、そして、いま人事の仕事がどれだけ複雑化・高度化している
のか、といったことは、なかなか事業部門で働く社員には理解されてい
ません。もしかしたら、現場の社員だけでなく、事業部門で長くキャリ
アを積んだ経営層にも正しく理解されていない可能性すらあります。

　この理解不足は、人事の仕事や成果が他部署や経営層にとって目に見
えにくいことが一因であり、何か問題が生じた際には不当なほど強く批
判されることも少なくありません。このような状況は人事部門が減点主
義の評価を受ける典型的な例と言えるでしょう。

　別の側面でいうと、先にも述べたとおり、人事は社員の個人情報や評
価データを扱うため、情報を容易に開示できません。社内で情報の共有
を制限せざるをえず、結果として現場との接点が少なくなりがちです。
このことが、人事部門や人事パーソンが「伏魔殿」と見なされる原因の
一つであり、「社内ぼっち」を助長する要因にもなっています。

2) 人事パーソンのストレスを高める要因

　ここまで、人事パーソンの現状を「①新規課題沼」「②エンドレスワ
ーク」「③社内ぼっち」の3つのキーワードで見てきました。

　おそらく、ここまで読まれた読者の皆さんは、この3つの現象こそが、
人事の疲労感を高めたり、仕事のストレスを助長したりする「悪の元
凶」だと考えられたのではないでしょうか？

　しかし、私たちの調査では、人事パーソンのストレスを高める要因に
関して、意外な事実が明らかになりました。図表25に示したのは、人事
の仕事の特徴と職務ストレスとの関係を分析したものです[21]。

　まず特筆すべきは、「新規課題沼（常に新しい課題に対処しなければ
ならない）」は、職務ストレスを高める要因にはなっていないというこ
とです。それどころか、後ほど詳しく取り上げますが、新規課題沼を
「新しいことにチャレンジできる」環境と捉えたとき、このことは人事

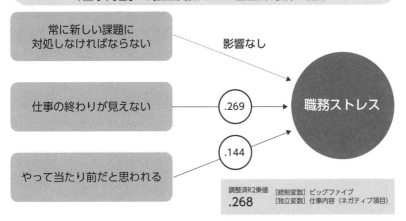

図表25 人事の仕事の特徴と職務ストレスの関係

「職務ストレス」を従属変数、
「仕事内容」を独立変数とした重回帰分析の結果

常に新しい課題に
対処しなければならない

影響なし

仕事の終わりが見えない → .269 → 職務ストレス

.144

やって当たり前だと思われる

調整済R2乗値 [統制変数] ビッグファイブ
.268 [独立変数] 仕事内容（ネガティブ項目）

出所：田中聡・中原淳・日本の人事部（2022）人事パーソン全国実態調査

パーソンの意欲ややりがいを高める要因にもなっています。

　この結果は、一見意外に思われるかもしれません。しかし、社員の成長支援に深く関わる人事パーソンであれば、**さまざまな困難を伴う課題がビジネスパーソンの成長と学びの機会につながる**、ということを誰よりも深く認識しています。多くの人事パーソンにとって、この「新規課題沼」という現象は、自分自身の成長につながる絶好の機会としてポジティブに受け止められているのかもしれません。

　序章でも「これからは人事が主役の時代」とお伝えしましたが、**この「新規課題沼」という現象は、人事部門に対する社会や企業経営の期待**

---

21) 本書では、人事パーソンの仕事や学習行動、成長実感、エンゲージメントなどのさまざまな要素間の関係を「重回帰分析」という手法を用いて分析しています。重回帰分析とは、何らかの結果（従属変数）に対して、複数の要因（独立変数）が影響を与えていると想定されるとき、どの要因が、どの程度、結果に影響しているのかを数値化するための方法です。例えば、図表25は、「職務ストレス」という結果と、「常に新しい課題に対処しなければならない」「仕事の終わりが見えない」「やって当たり前だと思われる」という3つの要因について重回帰分析を行い、その結果をわかりやすくモデル化したものです。

が大きくなっていることの表れでもあります。これらの課題解決を通じて、人事は組織内での自分たちの重要性と影響力を実感し、仕事に充実感と満足感を得ていることがうかがえます。

　一方で、「エンドレスワーク」と「社内ぼっち」については、仕事のストレスを生む要因になることがわかります。すなわち「仕事の終わりが見えない」「やって当たり前だと思われる」と感じている人事パーソンほど、高い「職務ストレス」を感じているのです。

　先ほど述べたように、人事の仕事は社内の対人サービス職であるため、客観的な目標数値を設定しにくく、仕事の達成感を実感しにくいという特徴を持っています。また、経営陣や事業部門で働く他の社員からの理解や支援を得られにくい一面もあります。

　しかし、これらを「人事の仕事ってそういうものだよ」という一言で片づけて放置していると、人事パーソンの仕事に対するストレスが高まり、結果的に仕事の生産性が低下してしまったり、エンゲージメントが下がってしまったりする恐れがあります。人事パーソンが直面する「エンドレスワーク」「社内ぼっち」という現状を見て見ぬふりするのではなく、会社としてどう解決していくのかはとても重要な問題です。

　ここでは、その解決の糸口として「社内VoCの活用」と「人事課題の優先順位づけと人事施策の取捨選択」の2つの視点を取り上げます。もちろん、これらを実践すれば「エンドレスワーク」「社内ぼっち」がただちに解決するわけではありません。また、これらが最良の解決法であるということでもありませんが、解決のヒントにはなるはずです。ぜひ参考にしていただければと思います。

社内VoCの活用

　VoCとはVoice of Customerの略で、顧客の声を活かして商品やサービスの改善を図ろうとするマーケティング手法です。人事部門の顧客と

いえば、社内の従業員なので、「社内VOCの活用」とは、すなわち、従業員の声を活かして、自社の人事制度や人事施策を評価し、その質を改善・向上させていくことを指します。

　自らが手がける人事制度や人事施策について、「その宛先は、社内の誰なのか？」を明確に定義し、その社員に「サービスの質」を評価してもらうことが重要です。その際の評価は必ずしもアンケートのような定量的な手法に頼る必要はありません。例えば、サイバーエージェントのCHO常務執行役員・曽山哲人氏は、定性的な目標の立て方として「ターゲットとなる社員を決めて、その人からこんなセリフを引き出せたらOK」というセリフ・メソッドを提唱しています。

　自分たちの手がけた施策の事前と事後で、具体的に社員の誰がどのように変わり、どんな職場の光景が見られたときに、それを成功と見なすかを思い描き、その光景の中で社員が具体的に発しているセリフを「目標」とするというアプローチです。言ってもらえたか、言ってもらえなかったかの2軸で評価できる点もシンプルで導入しやすいのではないでしょうか[22]。

　このような手法を用いることによって、「終わりが見えない」と思われていた人事の仕事に、定性的なものであっても目標を設定することができるようになり、仕事の達成感を実感しやすくなります。

　それだけでなく、人事パーソンが経営や事業部門に出向き、人事制度や人事施策について評価を尋ねるという行為自体が、人事の仕事や実態に対する社内の理解を促すことにもつながり、結果的に「社内ぼっち」という状況の改善にもつながることが期待できます。

　仕事が忙しいから、現場に行きづらいから、と殻にこもっていては、ますます「エンドレスワーク」「社内ぼっち」を助長してしまうことにもなりかねません。ぜひ人事パーソン自ら経営や現場に足を運び、顧客

22）曽山哲人「定性的な目標はこれで解決！セリフメソッド」
　　［URL］https://ameblo.jp/dekitan/entry-12641761955.html（参照 2024.6.7）

である従業員の声を集めていただきたいと思います。

人事課題の優先順位づけと人事施策の取捨選択

　前述したとおり、人事部門（または人事パーソン）には、「いったん始めたものをやめるのが苦手」という傾向があります。社内のしがらみなのか、その制度や施策をつくった先人への配慮なのか、継続・廃止の検討もなされないまま、前例踏襲されるケースが少なくありません。

　当然のことですが、新しい課題にチャレンジするためにはリソースが必要です。人と組織にまつわる課題が次から次へと生まれていますが、人事部門の人員をただちに急増させることは現実的に難しく、また課題解決のために時間を引き延ばせるわけでもありません。有限のリソースの中で、多様で広範な課題に効果的に対応していくためには、人事としていま何に取り組むべきか、そして、何に取り組まないのかを「取捨選択」しなければならないのです。

　人事パーソン・インタビューで、ジャパネットホールディングスの田中久美さんは次のように述べています（p118-119参照）。

　　仕事に対するスタンスとして、**仕事を「自分が変えられるもの」と感じてほしい、受け取ってほしい**、と思っています。

　　*2023年3月から採用・教育に異動しましたが、感じがよくて、やる気もある、すごくいいメンバーがそろっています。しかし、話を聞くと、**課題を感じていながらも我慢してやっているところがあり、「自分で変えたらいいのに」と思うことがたくさんありました。***

　　例えば、選考のステップについて、「こういう経緯で、社長決裁も踏まえて決まったと聞いている」と言って、「自分たちでは変えられないもの」と感じているメンバーがけっこう多くて、少し驚きました。

　　「いい人に入ってもらって社内を活性化するのが目的なんだから、

*おかしいと思ったら変えればいいよ」と言って、役員の会議に持っ
ていくなどの動きを続けていると、毎日いろいろな改善が上がって
くるようになりました。これも変えたかった、あれも変えたかった、
というものがどんどん出てきて、みんなの表情も明るくなっていき
ましたね。*

　その際に重要なのが、人事部門が単独で自分たちの業務を取捨選択す
るのではなく、経営層を巻き込みながら、経営視点で人事業務の優先順
位づけを行い、取捨選択を意思決定するということです。

　経営・現場にインパクトを与えるためには、今、何に取り組むべきな
のかを見極めなければなりません。しかし、そのことを人事部内だけで
考えようとしても限界があるでしょう。ですから、前述の「社内VoC」
とも連動して、現場や経営層の声をもとに、何を残し、何を捨てるか、
取捨選択をすることが有効です。**経営と従業員にとって真にインパクト
をもたらす課題とそうではない課題を仕分けし、経営と打ち手を握る、
ということが極めて重要になります。**

3) 人事パーソンの「エンゲージメント」は全職種中トップ

　ここまで述べてきたとおり、社会やビジネス環境の変化に伴い、人事
の仕事はどんどん多様化・高度化しています。現代の人事パーソンを物
語る3つのキーワード──「新規課題沼」「エンドレスワーク」「社内ぼ
っち」にも、人事の苦労が見て取れます。

　ところが、**人事パーソンはそうした状況にネガティブな感情を抱いて
いるだけなのかというと、決してそういうわけではありません。自信を
持って断言しますが、人事は面白い仕事です。人と組織は「今日も順調
に課題だらけ」だからこそ、やりがいを感じられる仕事なのです。**

　そのことを示す調査結果を見ていきましょう。図表26に示したように、

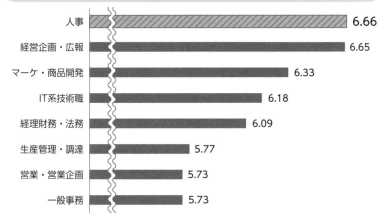

図表26 人事パーソンのエンゲージメントは全職種中トップ

これから社会に出る若者に今の仕事をどの程度勧めたいと思うか
（10点満点のスコア平均）

人事	6.66
経営企画・広報	6.65
マーケ・商品開発	6.33
IT系技術職	6.18
経理財務・法務	6.09
生産管理・調達	5.77
営業・営業企画	5.73
一般事務	5.73

出所：田中聡・中原淳・日本の人事部（2022）人事パーソン全国実態調査・一般ビジネスパーソン調査

実は、**仕事に対するエンゲージメントで、人事は全職種中トップの高さ
となっています。仕事に対するエンゲージメントとは、自分の仕事に愛
着と情熱を持ち、意欲的に取り組もうとする姿勢のことです。**

　今回の調査では「これから社会に出る若者に今の仕事をどの程度勧め
たいと思うか」という質問を用いて、その程度を10段階で回答してもら
いました[23]。得点が高いほど、今の仕事に対するエンゲージメントが高
いということになります。人事の平均スコアは6.66で、経営企画・広報
の6.65と並んで、他の職種に大きな差をつけています。

　人事は、他者に推奨したいほど、やりがいのある仕事だということが
わかります。最近では、就職活動や社内異動の際に、人事部門への配属
を希望する方も増えているようです。人事パーソン・インタビューで、

---

23)「これから社会に出る若者に今の仕事をどの程度勧めたいと思うか」という質問のように、今の
　　仕事や職場を他者にどの程度推奨できるかという観点で仕事へのエンゲージメントを測定する指
　　標を「eNPS（Employee Net Promoter Score）」と言います。

三井住友銀行の北山剛さんは次のように述べています（p110参照）。

> **若い人たちは総じて、人事に対する理解が深まっていると思います。**ホールセール・リテールフロントなどの事業部門において、最近はお客さまが人事を経営課題として捉えていて、日々の営業活動の中で、資金調達や資金運用の話だけではなく、人事に関するテーマが話題として出やすくなっているのだろうと思います。
>
> **社内公募制度を使って人事部や研修所に応募してくれる若手も増えています。**年に一度、「ジョブフォーラム」という、SMBCやグループ各社から110を超える部署がそれぞれの業務内容や求める人材像を紹介する、社内キャリアフォーラムを人事部主催で開催しているのですが、良くも悪くも人事部は結構人気があります。

　このように若手社員が人事配属を希望するのも、「人事の仕事はやりがいがある」と認識されているからこそでしょう。では、なぜ人事はこれほどまでに仕事に対するエンゲージメントが高いのでしょうか？

　どんな要因が、人事パーソンのワークエンゲージメントを高めるのかを分析したところ、図表27に示すように、「会社や事業の成長に貢献できる」「新しいことにチャレンジできる」「高度な専門性が身につく」の3つが重要な要素であることがわかりました。

　まず、特に注目してほしいのが「新しいことにチャレンジできる」という要素です。先ほど、人事の現状に関する3つのキーワードのうち「新規課題沼」は必ずしもネガティブなものではない、と述べた理由がここにあります。

　人事パーソンの仕事現場では、絶えず変化する多種多様な課題に取り組む必要があります。こうした環境では、新たなプロジェクトの立ち上げや未知の問題への対応など常に新しい課題が待ち受けていますが、こうした新たなチャレンジは、見方を変えれば、自分自身の能力や視野を

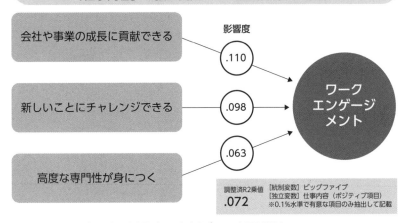

図表27 人事パーソンのエンゲージメントを高める要因

「ワークエンゲージメント」を従属変数、
「仕事内容」を独立変数とした重回帰分析の結果

会社や事業の成長に貢献できる

影響度 .110

新しいことにチャレンジできる .098

ワークエンゲージメント

.063

高度な専門性が身につく

調整済R2乗値 .072　[統制変数] ビッグファイブ
[独立変数] 仕事内容（ポジティブ項目）
※0.1%水準で有意な項目のみ抽出して記載

出所：田中聡・中原淳・日本の人事部（2022）人事パーソン全国実態調査

拡大する絶好の成長機会と捉えることもできます。このように、新しい挑戦は、人事パーソンのワークエンゲージメントを向上させるうえでポジティブな影響をもたらしています。

　人事の仕事環境に特徴的な3つのキーワードのうち、職務ストレスにつながる「エンドレスワーク」「社内ぼっち」とは異なり、「新規課題沼」は、社会や企業経営における人事の影響力の高まりを意味し、かつ、人事パーソンの仕事に対するエンゲージメントを高める要素の一つでもあり、前向きに捉えるべきものと言えそうです。

　さて、前述のとおり、新しいことへのチャレンジのほかに、「会社や事業の成長に貢献ができる」「高度な専門性が身につく」という2つの要素も、人事パーソンのワークエンゲージメントを高めるのに寄与しています。前者の「会社や事業の成長に貢献ができる」については、人事パーソン・インタビューの内容を引用しつつ、次項で詳しく掘り下げていきます。また、後者の「高度な専門性が身につく」については、次章

の「人事の学び論」で、人事が身につけるべき専門性を見ていきます。

4) 人事の最大の魅力は「事業と人の成長支援」

次に「人事の仕事の最大の魅力は何か」という観点で、人事の仕事の
ポジティブな側面を見ていきましょう。

図表28で示すように、全体の76.6％の方が「会社や事業の成長に貢献
できる」ことを人事の仕事の魅力として回答しています。このことは、
先ほど述べたように、人事パーソンのワークエンゲージメントを高める
要因にもなっています。それとほぼ同じ割合で75.9％の方が「従業員の
成長をサポートできる」ことを挙げています。まさに「事業や人の成長
を支援できる」ことが、人事の仕事における最大の魅力と言えそうです。

再度、人事パーソン・インタビューの中から、ジャパネットホールディ
ングスの田中久美さんの言葉をご紹介します（p119参照）。

図表28 **人事の仕事の魅力とは？**

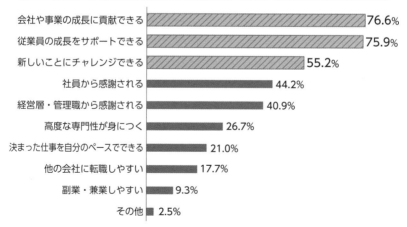

今の仕事内容にあてはまるもの（あてはまる回答者の割合）

項目	割合
会社や事業の成長に貢献できる	76.6%
従業員の成長をサポートできる	75.9%
新しいことにチャレンジできる	55.2%
社員から感謝される	44.2%
経営層・管理職から感謝される	40.9%
高度な専門性が身につく	26.7%
決まった仕事を自分のペースでできる	21.0%
他の会社に転職しやすい	17.7%
副業・兼業しやすい	9.3%
その他	2.5%

出所：田中聡・中原淳・日本の人事部（2022）人事パーソン全国実態調査

人事の仕事は魅力的だと思います。どんな仕事にも、その仕事なりの面白さがあって楽しいと思いますが、**ヒト・モノ・カネの中でヒトが一番変化率が高い。それが人事ならではの面白さだと考えています。**

　例えば10人の組織があったとき、1人加入することによってマイナスに働くこともあれば、力が5倍、10倍になることもあります。そうなるのは働きやすさなのか、制度なのか、教育機会なのか。自分たちが考えてやったことで変化していく。**「1＋1＝2」という以上の変化があることが面白さだと思いますし、それぞれ考えていることが見えないから難しい。簡単ではないけれど、可能性がすごくあるところが面白さだと思います。**

　田中さんのコメントにある「ヒトは一番変化率が高い」という言葉には、「ヒト（人材）」というリソースの可能性が的確に表現されています。若い社員が経験を積み、できなかったことができるようになり、驚くべき成果を上げたり、一人ではなしえないことを組織・チームで協力することで結実させたり、というように、人は大きな可能性や伸びしろを秘めています。

　例えば、「自分が採用に関わった若手社員が、現場に配属され、ビッグクライアントとの商談を成立させた」というような成長・成果を喜ぶ人事パーソンの声は、とてもよく聞かれるところです。人事として制度をつくったり、施策を実行したりすることで、社員一人ひとりの成長をサポートし、ひいては、会社の業績向上に貢献できる。人事パーソンの多くは、こうしたことを仕事の魅力と感じていることがわかります。

　別の側面としては、業務の性格上、人事は経営者に近いところで仕事をする機会が多くあります。人事の仕事が課題解決型へとシフトする中で、その傾向はますます強まっていることでしょう。日常的に「企業経営の根幹」に関わることになり、そのことも「会社や事業の成長に貢献

できる」という回答につながっているのかもしれません。

　その他、多くの人事パーソンが仕事の魅力として回答したものとしては、割合が多い順に「新しいことにチャレンジできる」（55.2％）、「社員から感謝される」（44.2％）、「経営層・管理職から感謝される」（40.9％）といった要素が並びます。新しいことへのチャレンジは前述のとおりですが、事業や人の成長をサポートする中で、経営層・管理職・社員といった、さまざまな立場の人から「感謝される」ことも、人事の仕事の魅力として特筆すべきポイントと言えそうです。

5) 人事パーソンの8割が「人事は天職」と考えている

　さて、ここまで、人事の仕事の実態として「新規課題沼」「エンドレスワーク」「社内ぼっち」の3つのキーワードを取り上げました。人事という仕事に特徴的な難しさや大変さがある一方で、人事パーソンのワークエンゲージメントは他職種と比較しても高く、人事の仕事にさまざまな魅力を感じていることを見てきました。

　このように、やりがいや魅力のある人事の仕事について、調査では、多くの人事パーソンが「今後も人事を続けたい」と思っている、という結果も明らかになっています。人事の仕事は簡単ではありません。しかし、みな、人事の仕事が好きなのです。

　図表29に示すように、今後のキャリアを考えたときに、「人事以外の仕事をしたい」と回答したのは全体の1割程度にすぎません。驚くべきことに、人事パーソンの84.6％が、今後も何らかの形で「人事の仕事を続けたい」と思っていることがわかりました。**大多数の人事パーソンが「人事は天職」と考えていると言えそうです。**

　これは、他の職種と比べても極めて高い数字です。図表30に示すように、他職種のビジネスパーソンにも同じ質問をしたところ、「今の仕事を続けたい」と回答した人の割合は63.3％でした。人事パーソンの結果

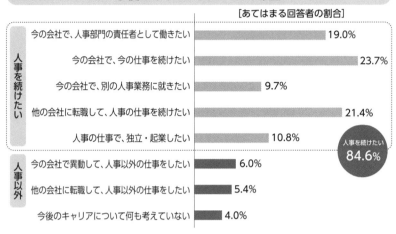

図表29 人事パーソンの8割以上が「人事は天職」と考えている

今後のキャリアについての希望

[あてはまる回答者の割合]

人事を続けたい
- 今の会社で、人事部門の責任者として働きたい　19.0%
- 今の会社で、今の仕事を続けたい　23.7%
- 今の会社で、別の人事業務に就きたい　9.7%
- 他の会社に転職して、人事の仕事を続けたい　21.4%
- 人事の仕事で、独立・起業したい　10.8%

人事を続けたい
84.6%

人事以外
- 今の会社で異動して、人事以外の仕事をしたい　6.0%
- 他の会社に転職して、人事以外の仕事をしたい　5.4%
- 今後のキャリアについて何も考えていない　4.0%

出所：田中聡・中原淳・日本の人事部（2022）人事パーソン全国実態調査

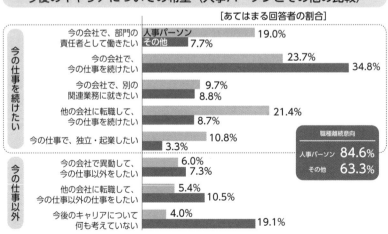

図表30 他職種と比べても「今の仕事を続けたい」人が多い

今後のキャリアについての希望（人事パーソンとその他の比較）

[あてはまる回答者の割合]

今の仕事を続けたい
- 今の会社で、部門の責任者として働きたい　人事パーソン 19.0%／その他 7.7%
- 今の会社で、今の仕事を続けたい　23.7%／34.8%
- 今の会社で、別の関連業務に就きたい　9.7%／8.8%
- 他の会社に転職して、今の仕事を続けたい　21.4%／8.7%
- 今の仕事で、独立・起業したい　10.8%／3.3%

職種離続意向
人事パーソン **84.6%**
その他 **63.3%**

今の仕事以外
- 今の会社で異動して、今の仕事以外をしたい　6.0%／7.3%
- 他の会社に転職して、今の仕事以外の仕事をしたい　5.4%／10.5%
- 今後のキャリアについて何も考えていない　4.0%／19.1%

出所：田中聡・中原淳・日本の人事部（2022）人事パーソン全国実態調査・一般ビジネスパーソン調査

とは20ポイント以上もの差があります。

　人事パーソンのワークエンゲージメントは他の職種と比べて高い、というのは前述のとおりですが、これらの結果を見ても、人事の仕事には「今後もこの仕事を続けたい」「若い人にもこの仕事を勧めたい」と思わせる魅力がある、ということは疑いようもありません。

　ところで、こうしたポジティブな調査結果の一方で、人事リーダーが自らのキャリアを振り返り、事業部門から人事部門への異動を「青天の霹靂」という言葉で表現することがよくあります。事業部門で順風満帆にキャリアを歩んでいたら、ある日突然、人事部への異動を命じられるといったケースです。

　この「青天の霹靂」という言葉には、「それまであまり好意的に思っていなかった人事部門に、まさか自分が異動するなんて……」というショックの思いが込められています。もしかすると、本書を読まれている人事パーソン自身がそうであったかもしれませんし、また、そういうケースを身近で見聞きしたことがあるという方もいらっしゃるのではないでしょうか。

　こうした「青天の霹靂」ストーリーと今回の調査結果は一見すると矛盾するように感じられるかもしれません。しかし、私たちは、これは矛盾ではなく、人事の仕事の性質によるものと考えています。

　もちろん、人によって違いはあると思いますが、異動当初は、人事部門に対する断片的で一面的な理解からネガティブな感情を持っていた人事パーソンも、人事の仕事を経験するうちに、徐々にその重要性や魅力に気づき、仕事に対するエンゲージメントや継続意欲が高まっていくということは決して珍しくはないと思います。

　人事の仕事は、営業のように「すぐに成果が出る」という性質のものではありません。人事が扱う人の成長や変化には時間がかかりますし、組織や風土を変えようとする場合は、少なくとも数年、長ければ数十年

単位で一つの取り組みを継続していく必要があります。そういう意味で、人事の仕事はその面白さや醍醐味に気づくまでに時間がかかるのかもしれません。一方で、一度その面白さに気づけば、人事のやりがいや魅力は、他の職種に勝るとも劣らないものでしょう。

　実際、先に紹介した「青天の霹靂で人事部門に異動した」という人事リーダーの方々も、今では人事部門のトップとしてやりがいを持ってお仕事されている方ばかりです。人事の仕事の真の魅力に気づくには一定の時間が必要であることを覚えておくとよいかもしれません。

　本章では、人事パーソンの8割以上が「今後も人事の仕事を続けたい」と考えていることを示しました。人事として働き続け、成果を出し続けるためには、「人事パーソンとしてどのように学び、どのようなキャリアを歩んでいくのか？」という問いを避けることはできません。

　本書の第2章では、人事の「学び編」として、今、人事パーソンは何を学ばなければならないのか、どういうふうに学んでいけばいいのかを考えます。そして、第3章の「キャリア編」では、長い仕事人生をどうやって人事パーソンとして生き抜いていけばいいのかを、若手期・中堅期・ベテラン期に分けて考えていきます。

Column

人事パーソン神話とその実像

　第1章では、さまざまな観点で「人事パーソン」の仕事の実態を見てきました。ところで、人事パーソンとは、そもそもどういう人たちなのでしょうか？　本コラムでは、調査で明らかになった人事パーソンの意外な一面について見ていきます。

　まず、人事パーソンの総数を推定しましょう。図表31は『ワークス人材マネジメント調査2013』によるデータです。これによると、正社員に占める人事部門の人員の割合は1％台。就業者の総数から考えると、人事パーソンは多くても全国で30万人ぐらいと推定できます。就業人数で考えると、人事は決してメジャーな仕事ではないと言えます。

　一方で、人事の仕事には、働くすべての人とタッチポイントがあるという特性があります。そのため、人事として働いたことのないビジネスパーソンの方も、人事の仕事や人事パーソンに対して、ぼんやりとしたイメージ（ステレオタイプ）を持っているように思います。「うちの会社の人事ってさあ……」というような内緒の語りは、どんな会社でも聞かれることでしょう。

図表31 **正社員に占める人事パーソンの割合**

	回答企業数（社）	管轄・所管している企業数（平均、社）	人事部門の人員が正社員全体に占める比率（平均、％）
主要な事業会社	83	4.3	1.7
同一の人事制度・施策下にある事業会社群	6	1.8	3.1
連結対象企業群 等	26	18.0	1.1
	113	6.2	1.9

出所：「ワークス人材マネジメント調査2013」より作成
回答企業数には、一部複数回答を含む

出所：リクルートワークス研究所「企業調査の担当者からみた、人事部のこれから 久米功一」
　　　[URL] https://www.works-i.com/column/works/detail005.html（参照 2024.5.5）

Column

　ただ、繰り返しますが、人事パーソンは就業者の1％程度ですので、経験者は少ないというのは事実でしょう。人事は、従業員の評価や給与、異動や昇進・昇格といった重要事項を扱いますが、それゆえに秘匿性が高く、現場からは見えにくい仕事です。そのため、さまざまな「神話」が生まれ、時に「伏魔殿」などと呼ばれることもあります。

　どこか不気味で、裏の世界を支配している、そんな存在。

　しかし、それは人事の正しい姿なのでしょうか？

　このコラムでは、人事にまつわるステレオタイプの神話を取り上げながら、私たちが行った「人事パーソン全国実態調査」のデータから、そのリアルと虚像のギャップを見たいと思います。

人事は「保守的」なのか？
実像①　実は新しいことが好き、という人が多い

　調査では、「ビッグファイブ」という人間の性格特性を測定する心理尺度を用いて、人事パーソンのキャラクターについて調べました。

　ビッグファイブとは、人の性格は「外向性」「協調性」「誠実性」「神経症傾向」「経験開放性」の5つの特性で構成され、それらの強弱で行動や振る舞いに違いが出るとするパーソナリティ理論です。

　図表32に示すように、人事パーソンは「経験開放性」が「協調性」と並んで高い、という結果になりました。経験開放性とは、簡単にいうと「新しいことが好き」という性格です。他職種のビジネスパーソンと比べても、人事パーソンは「経験開放性」が高いことがわかります。

　人事パーソンというと、他の職種に比べて「誠実」とか「保守的」のような言葉で語られがちですが、新しいことにトライしたい人たちが多いようです。第1章でご紹介したように、新しいことにチャレンジしている人事パーソンほどワークエンゲージメントが高いという結果は、こうした「新しいことが好き」という性格特性が影響しているのかもしれません。

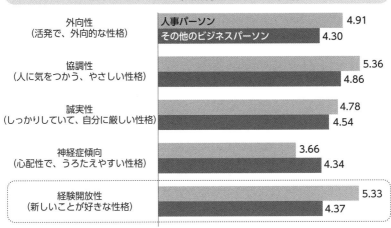

図表32 人事パーソンは「新しいことが好き」

ビッグファイブ（7点満点のスコア平均）

	人事パーソン	その他のビジネスパーソン
外向性（活発で、外向的な性格）	4.91	4.30
協調性（人に気をつかう、やさしい性格）	5.36	4.86
誠実性（しっかりしていて、自分に厳しい性格）	4.78	4.54
神経症傾向（心配性で、うろたえやすい性格）	3.66	4.34
経験開放性（新しいことが好きな性格）	5.33	4.37

出所：田中聡・中原淳・日本の人事部（2022）人事パーソン全国実態調査・一般ビジネスパーソン調査

人事への異動は「青天の霹靂」なのか？
実像②　意外に多い「ポジティブ異動」

　別の部門から人事部門に異動した人を対象に、「異動前、人事部門にどんなイメージを持っていたか」を聞いたところ、図表33に示したように、異動者の約65％は、ポジティブなイメージを持って人事部門に異動していることが明らかになりました。人事に対してネガティブなイメージを持っていた人の割合を大きく上回っています。

　人事部門への異動は、「人事の悪口を言っていたら、じゃあ、お前がやってみろ、と言われて異動になった」など、「青天の霹靂」のように語られることが多いように思いますが、今回の調査では、意外とそのようなケースは多くない、ということがわかりました。

Column

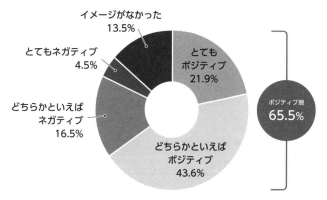

図表33 人事パーソンの多くは「ポジティブ異動」

着任する前に人事部門に対して抱いていたイメージ

異動者のみ（n=634）

イメージがなかった
13.5%

とてもネガティブ
4.5%

どちらかといえば
ネガティブ
16.5%

とても
ポジティブ
21.9%

どちらかといえば
ポジティブ
43.6%

ポジティブ層
65.5%

出所：田中聡・中原淳・日本の人事部（2022）人事パーソン全国実態調査

人事は「現場を知らない」のか？
実像③　意外なことに人事の思い込み

　人事部門は、経営や事業部門から「現場を知らない人たち」と思われており、批判の対象になりやすい、といった言説をよく耳にします。しかし、私たちの調査では、こうしたイメージはむしろ人事側の勝手な思い込みである可能性が高いことが示されました。

　図表34は、人事パーソンと他職種のビジネスパーソンそれぞれに、自社の人事部門を評価してもらった結果です。これを見ると、「人事部門は現場のことをよくわかっていない部門だと思われている」「人事部門の取り組みに対して、否定的な意見を受けることがよくある」「人事部門は何を考えているのかよくわからない存在だと思われている」のいずれの項目に関しても、人事パーソンのほうがネガティブに評価していることがわかりました。

　すなわち、人事パーソンが考えているほどに、現場の社員は「人事は

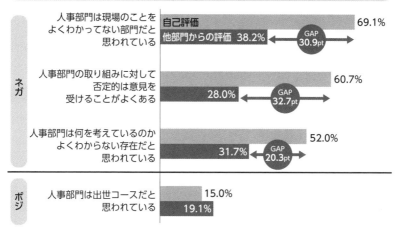

図表34 「人事＝現場を知らない」は人事の思い込み？

自社の人事部門に対する評価（あてはまると回答した人の割合）

ネガ

人事部門は現場のことを
よくわかってない部門だと
思われている

自己評価 69.1%
他部門からの評価 38.2%
GAP 30.9pt

人事部門の取り組みに対して
否定的は意見を
受けることがよくある

60.7%
28.0%
GAP 32.7pt

人事部門は何を考えているのか
よくわからない存在だと
思われている

52.0%
31.7%
GAP 20.3pt

ポジ

人事部門は出世コースだと
思われている

15.0%
19.1%

出所：田中聡・中原淳・日本の人事部（2022）人事パーソン全国実態調査・一般ビジネスパーソン調査

現場のことを知らない」と思っておらず、人事の取り組みに「否定的な意見」を持っておらず、人事部門は「よくわからない存在だ」という意識も持っていないということです。

　もしかすると、「人事は現場を知らない」というのは、人事パーソンの思い込みにすぎないのかもしれません。「人事が現場に行くのは嫌がられる」といった発言を耳にすることもありますが、人事パーソンが考えるほど現場は気にしていないのではないでしょうか。

Column

事業部人事（HRBP）とは？

　事業部門における人と組織の課題解決をミッションとして、経営と現場（事業部門）をブリッジしながら価値を提供する役割として、近年、急速に注目されているのが「事業部人事（HRBP）」です。

　HRBPとは、Human Resource Business Partnerの略で、1990年代に、アメリカ・ミシガン大学のデイビッド・ウルリッチ教授らの研究を嚆矢に一般に普及しました[24]。

　このコラムでは、筆者の一人である中原淳の著書『人材開発・組織開発コンサルティング』[25] から引用しつつ、日本における事業部人事（HRBP）の実態を見ていきます。なお、紹介するデータは、立教大学中原淳研究室とダイヤモンド社が2021年に行った「事業に貢献する人事に関する調査研究」の結果です。内部コンサルタントとしての人と組織の課題解決プロセスを詳しく知りたい方は、ぜひ原著をお手に取っていただければと思います。

事業部人事（HRBP）とは？

　ウルリッチは、経営戦略・事業戦略と人材マネジメントを連動させることで戦略の実現を目指す「戦略人事」を、人事部門の提供価値として再定義しました。

　ビジネス環境の変化が激しい現代において、早期に戦略を実現するためには、「人や組織を管理するオペレーション部隊としての『守り』の人事」から、「事業部門の経営者や責任者のパートナーとして、人と組

24）Ulrich, D.（著）梅津祐良（訳）（1997）『MBAの人材戦略』日本能率協会マネジメントセンター.
　　Ulrich, D., Brockbank, W., Johnson, D. and Sandholtz, K.（2008）*HR Competencies: Mastery at the Intersection of People and Business.* Society for Human Resource.
25）中原淳（2023）『人材開発・組織開発コンサルティング：人と組織の「課題解決」入門』ダイヤモンド社.

織の観点から事業に貢献する役割としての『攻め』の人事」へと転換することが求められている、というわけです。

　ウルリッチは、「戦略人事」を行うに当たり、人事部門には、戦略に基づいて人事戦略を構築する、経営・事業のパートナーという役割が求められているのだとします。その結果、事業部人事（HRBP）を、より事業に近い場所に配置し、事業戦略を実現していく際に必要な「人や組織に関わる問題解決」を行っていく存在としました。

　グローバル企業では、2000年代以降、事業戦略と人事戦略を密に連携させていくことを目指し、積極的に事業部人事（HRBP）の導入が進められてきました。

　第1章で述べたとおり、近年では、日本においても、組織マネジメントをリードし、事業の中長期的な成長を支えることを期待される存在として、事業部人事（HRBP）を導入する企業が増えてきています。

事業部人事は人事の人なのか？　事業部の人なのか？

　日本の事業部人事パーソンとは、どのようなキャリアの持ち主なのでしょうか。「本社人事での仕事経験があるのかないのか」と「事業部でのビジネスの経験があるのかないのか」という軸から、事業部人事と呼ばれる人が、どういうキャリアを有しているかを調べました。

　図表35に示すように、事業部でのビジネス経験を有している方（①と②の象限）が81％、本社人事の経験を有している方（①と③の象限）が57％ということで、事業部でのビジネス経験を有している割合のほうが高いことがわかります。クロスして見ると、事業部でのビジネス経験と本社人事の経験を両方有している方（①の象限）が47％で最も多くなっていました。

　次に、これらのどの象限に属する人が、事業部に貢献する人事パーソンとして成果を上げているかを調べました。

　結果は、驚くことに、この4象限の間には「n.s.（統計的な差は見出

Column

図表35 事業部人事はどういうキャリアを有しているのか?

	本社人事を知っている軸	
	本社人事での 仕事歴あり	本社人事での 仕事歴なし
事業部での 仕事歴あり	① **47**%	② **34**%
事業部での 仕事歴なし	③ **10**%	④ **9**% (人事以外のスタッフ部門)

ビジネスを知っている軸

出所:中原淳(2023)『人材開発・組織開発コンサルティング』

せない:Non Significance)」でした。つまり、事業部での仕事経験や本社人事の経験そのものが、事業部への貢献の優劣を生んでいるわけではない、ということです。

それならば、「事業部人事パーソンが、事業部に貢献できるかできないか」は、どのような要因で決まっていたのでしょうか?

それは「事業部人事としての経験の長さ」です。すなわち、「事業部人事としての仕事経験が長いほうが、事業部に貢献できる」ということです(図表36)。

結局、事業部人事の仕事は、事業部人事としての経験から学ぶ(経験学習する)ということが言えるのではないでしょうか。

なお、事業部人事に限らず、実際の仕事経験を通じて学ぶ「経験学習」は、人事パーソンの成長における重要かつ不可欠な要素です。その点については、第2章の人事の「学び論」で詳しく見ていきます。

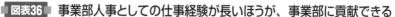

図表36 事業部人事としての仕事経験が長いほうが、事業部に貢献できる

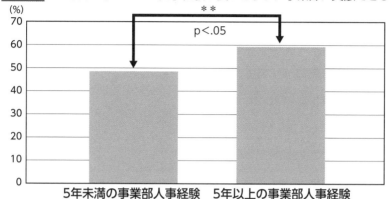

事業部成長の中群以上を「事業貢献できている」、それ以外を「できていない」に再コーディングし、χ2検定 χ2値=6.51 df=2 $p<.05$
ちなみに事業部への貢献を連続量として従属変数に設定し一元配置分散分析しても同様の差を認める f値=5.07 $p<.05$ df=1

出所：中原淳（2023）『人材開発・組織開発コンサルティング』

事業部人事はどのような仕事をしているのか？

　一口に事業部人事と言っても、その実態は企業によって異なります。

　そもそも事業部人事をつくった理由もさまざまです。図表37に示すように、「現場（事業）への支援のため」が一番多く92.6%、続いて「現場管理職の支援のため」が88.1%、「現場社員のキャリア支援」が81.6%、その他にも「現場のトラブルを迅速に解決するため」「事業部長の人事面のサポートのため」など、現場支援につながるさまざまな役割を期待していることがうかがえます。

　実際の仕事内容としては、内容ややり方がある程度決まっている「定型業務」は全体の3割で、ほとんどの仕事がそのときどきのニーズやトラブルに応じた「非定型業務」となっています。また別の観点で、仕事のスパンを尋ねたところ、「短期的成果を求める仕事」が7割、「中長期の成果を求める仕事」が3割となっていました。

　これらの結果から、日々、現場に起きるさまざまな問題に対して、短

Column

図表37 事業部人事をつくった理由とは?

A	意思決定のスピードアップのため	
B	**現場管理職の支援のため**	**88.1%**
C	**現場（事業）への支援のため**	**92.6%**
D	事業部長の人事面のサポートのため	
E	現場のトラブルを迅速に解決するため	
F	現場の人事労務をきめ細かく行うため	
G	**現場社員のキャリア支援**	**81.6%**
H	経営者候補、リーダー候補を広く選抜するため	
I	文化・風土の違いに対応するため	

出所：中原淳（2023）『人材開発・組織開発コンサルティング』

期のトラブル対応型の非定型業務に追われる事業部人事の姿が浮かび上がります。加えて、調査では、事業部人事のミッションが明確化されている企業は全体の44.3%にとどまっており、明確な使命や役割が明示されているとも言いがたく、その可能性は高まります。

事業部人事の方々が行っている仕事の割合としては、「本社人事からの仕事」が全体の4分の1で、4分の3は「事業部人事の仕事」という結果でした。外資系のグローバル企業では、本社人事からの干渉度が高いイメージがありますが、実際は外資・非外資による「本社人事からの仕事」「事業部の仕事」の偏りはありませんでした。

事業に貢献する事業部人事とは？

事業に貢献する事業部人事はどのような仕事をしているのでしょうか。どのような仕事内容が事業成長への貢献につながっているのかをパス解析した結果、関係が見られたのは、「事業部・人材戦略づくり」「事業

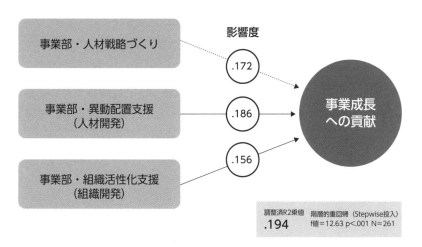

図表38 事業に貢献する事業部人事はどのような仕事をしているのか?

影響度

事業部・人材戦略づくり　.172

事業部・異動配置支援（人材開発）　.186　事業成長への貢献

事業部・組織活性化支援（組織開発）　.156

調整済R2乗値　階層的重回帰（Stepwise投入）
.194　f値＝12.63 p<.001 N＝261

出所：中原淳（2023）『人材開発・組織開発コンサルティング』

部・異動配置支援」「事業部・組織活性化支援」などの項目でした（図表38）。

　すなわち、事業部の人材戦略づくりや、人材配置（仕事のアサイン＝人材開発）や組織開発など、中長期的な視野を持って取り組む仕事が事業成長につながっている、ということがわかりました。

　ただ、前述のように、このような中長期の人づくり・組織づくりに関わる仕事は、全体の3割程度しかできていないのが現状です。

　それらを踏まえると、短期的成果を求める仕事や日々の突発的な仕事だけに追われるのではなく、いかにして中長期的な取り組みに重点を置くことができるかが、事業への貢献を高めるうえでの鍵であると言えそうです。

　また、事業部人事（HRBP）が事業に貢献するためには、パートナーとして事業部長の信頼を得る、ということも重要です。

Column

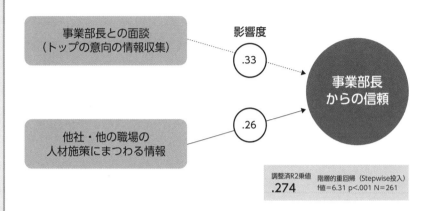

図表39 事業部長の信頼を得るためにはどのような行動が必要なのか?

影響度

事業部長との面談
（トップの意向の情報収集）
.33 →

他社・他の職場の
人材施策にまつわる情報
.26 →

事業部長
からの信頼

調整済R2乗値
.274　階層的重回帰（Stepwise投入）
　　F値＝6.31 p<.001 N=261

出所：中原淳（2023）『人材開発・組織開発コンサルティング』

　そこで、次に、事業部長からの信頼を得るうえで、どのような行動が
必要なのかを調べてみました。パス解析の結果、事業部長からの信頼に
関係が見られたのは「事業部長との面談（トップの意向の情報収集）」
と「他社・他の職場の人材施策にまつわる情報」でした（図表39）。

　この結果からは、事業部長との信頼関係を築くためには、事業部長と
の面談をこまめに行い、事業部トップの意向を知る努力を重ねるととも
に、事業部トップの意思決定に役立ちそうな情報や、関心のありそうな
他社や他の職場の人事施策にまつわる情報を収集し、伝えていくことが
重要だと言えそうです。

　情報収集という意味では、事業部内の情報を収集することも事業部人
事としては大切な仕事です。実際、調査でも、「社員面談の頻度が高い」
事業部人事ほど、事業成長への貢献ができている、という結果が出まし
た（図表40の左グラフ）。また、「社員面談の頻度が高い」ほうが、社
員からの信頼度はもちろん、事業部長からの信頼度も高まる、というこ

図表40 社員からの情報収集が信頼と成果につながる

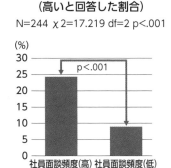

事業成長への貢献
（高いと回答した割合）

N=244 χ2=17.219 df=2 p<.001

(%)

p<.001

社員面談頻度(高) 社員面談頻度(低)

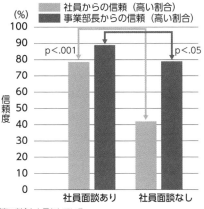

社員からの信頼（高い割合）
事業部長からの信頼（高い割合）

(%)

信頼度

p<.001

p<.05

社員面談あり　社員面談なし

社員からの信頼・事業部長からの信頼、ともに中群以上を「高い割合」と見なしている
社員の信頼に関しては、χ2値=22.27 df=2 p<.001、事業部長からの信頼 χ2値=.7.48 df=2 p<.05
社員からの信頼を連続量と見なして、従属変数に設定して一元配置分散分析を行った結果、同様に統計的有意な差を認める
社員からの信頼 f値=26.2 df=1 p<.001、事業部長からの信頼 f値=5.7 df=1 p<.05

出所：中原淳（2023）『人材開発・組織開発コンサルティング』

ともわかりました（図表40の右グラフ）。

　いずれにしても、事業部人事は、社員や事業部長と頻繁に面談を行い、頻繁に情報収集・情報交換を行うことが、事業部長からパートナーとしての信頼を獲得することにつながり、さらには事業への貢献につながっていく、と言えそうです。

Interview

制度の根っこには設計者たちの「思想」がある。
何かを変えようとするとき、どのような変遷を
たどってきたのか、歴史をさかのぼって考える。

株式会社三井住友銀行 人事部副部長

北山 剛さん

2004年、三井住友銀行に入社。個人営業と法人営業のフロント業務に従事。その後、法人営業サポート、人事（国内外の各種制度設計・運用、採用計画・人員計画などのリソースマネジメント）、行内プロジェクトチームなどの本部業務を経験。2016年より香港に駐在し日系企業向け法人営業に従事したのち、2019年に再び人事に戻り、人材戦略グループ長として異動・評価・育成などの人事運用業務に従事。現在、多様でプロフェッショナルな社員が挑戦し続け、働きがいを感じる職場とチームの実現に向けた取り組みに奔走する日々を送る。

Q これまでのキャリアを振り返っていただけますか？

2004年に三井住友銀行（以下、SMBC）に入行して、最初はフロント業務を担当しました。首都圏で法人・個人の営業を4年担当したのち、法人部門の統括セクションでフロントサポートの仕事に2年携わりました。

人事に着任したのは2010年1月で、そこから7年弱、企画グループで制度運営や処遇、要員計画や採用計画などを担当。一度、海外営業として香港に駐在し、2019年にまた人事に戻りました。

Q 人事には希望して異動されたのですか？

　最近は変わってきていますが、当時は希望して人事部に来る人はほとんどいなかったですね。私もずっと営業を希望していました。

　ただ、人事に異動することは、すごく誉れだと思ってもらえるカルチャーがありました。そのため人事が部店と異動折衝を行う中で、例えば「部下Aさんを人事部に連れていきたい」と打診しても、所属部署の部店長から反対されることはほとんどありません。私も当時の上司には「しっかりやってこいよ」と励まされました。もっとも、人事で何をやるのかがわからなくて、戦々恐々としていたのですが。

Q 香港に駐在されたあと、人事に戻られたのですね。

　はい。2019年に戻ったときはもともといた企画グループではなく、異動・評価・育成など人事運用全般を所管する人材戦略グループでした。2021年から2023年4月まで人材戦略グループのグループ長を務めていましたが、今はその職責から離れて人事部内の特命プロジェクトを担当しています。2023年4月に定めた『SMBCグループ人財ポリシー』に即したこれからのSMBCの人事制度と人事運用のアップデートを検討し、企画・立案・実装していくというものです。また、研修所を兼務しながら、人材育成と研修も所管しています。

Q ご自身にとって「これはチャレンジだった」という ご経験を教えていただけますか？

　SMBCは2001年にさくら銀行と住友銀行が合併して誕生しました。私は2004年に入行しているのですが、当時は経営健全化計画の履行やリーマンショックなどもあり、かなり苦しい時期もありました。なんとかそれを乗り越え、現在に至るまで、業績も堅調でよい時代が続いています。

その中で、人事制度のあり方をアップデートし、大きな変革を起こしていくことは、なかなか難しいことでもあります。あってはほしくないですが、仮に赤字決算などの有事により「変わらなければいけない」という状況になれば、そういう空気も醸成されますが、現在に至るまで業績は堅調です。

　また、SMBCだけで3万人の従業員がいますが、それだけ影響範囲が大きいと、人事の制度を大きく変えようとする際、「そこまでやらなければいけないのか」という意見が出てきます。

　外部や人から言われて殻を破ることはできますが、自分たちから殻を破っていくことは難しいと、つくづく感じます。

Q 今の状態をどのように変えていくのか、方向性などを教えていただけますか？

　SMBCには「総合職」という職種があり、3年から5年の定期的な異動ローテーションを組みながら多様な業務経験を通してキャリアを蓄積していく、という考え方でこれまでやってきました。

　ただ、業務領域が広がり、それぞれの専門性が高まっているため、各領域の経験とスキルをもっと高めていかないと、卓越したプロフェッショナリティを持ちづらい状況になっています。そのため、「ジョブ型」という言葉はあまり好んで使っていませんが、従来の総合職を軸とした人材マネジメントについて、もっと変化をつけていかなければいけない、と考えています。

　一方で、何か大きな変事があって、そちらにリソースを割かなければいけなくなった場合、業務分野をまたいで大きく人員シフトを図れるのが総合職のよいところでもあります。そのしなやかさを失うと、リソースマネジメントの硬直化を招く恐れがあります。そこで、業務分野をある程度ジョブファミリーのように大括りにカテゴライズしながら、業務分野単位でもう少し細かく設定し、従業員が希望する業務分野に手を挙

げられるようにすることを、まさにいま検討しているところです。

Q 人と組織の課題解決のために、どんな学習行動をしていますか？

意識しているのは、できる限り外に向けてアンテナを張り巡らすことと、『日本の人事部』などのメディアから取れる情報をどんどん取ることですね。

また、一次情報に触れるという観点で、従業員や経営層、あるいはお客さまである企業の方や外部の企業の人事の方の声を直接聞きにいき、それを自分なりの尺度でどう捉えるか、ということを意識しています。

Q どこから手をつけていいかわからない問いがある場合、課題解決するための「型」のようなものはありますか？

何かを変えようとするとき、例えば制度なら、これまでどのような変遷をたどってきたのか、制度について歴史をさかのぼって考えるようにしています。

SMBCの人事制度は、2001年の合併時に当時の人事パーソンが英知を結集して、かなり深いレベルで検討とつくり込みが行われていました。そのときの分厚い紙の資料があるのですが、それをひっくり返して全部読み込みました。

人事制度の一番根っこの部分には設計者たちの「制度設計の思想」があります。その思想が10年、20年と経つ中でどう変化してきたのかを、まずしっかりとレビューするのです。そのうえで、現在地をきちんと理解し、どうしていくかを考える、というのが私の基本スタイルです。

歴史をさかのぼって考えることの大切さは、初めて人事部に配属された頃の上司たちにかなり厳しく指導されました。最初は給与改定や賞与支給・退職金といった処遇の仕事をしていたのですが、着任早々、人事制度改定が行われ、そのエグゼキューションの仕事が待っていました。

大きく人事制度や処遇制度が変わったので、そもそも人事制度を正しく理解できていない中で、どのように処遇が決まっているのかすらわからず、途方に暮れることもありました。上司からは「一つひとつの金額の違いには、それぞれの考え方がある」と言われました。

　教えてもらうよりも、書庫やキャビネに保管されている過去の検討ファイルをひっくり返して読み込む日々が若い頃の経験としてあります。時間外労働の問題もあるので、今の若手に同じことをさせるわけにはいきませんが、自分の目で見て調べて血肉化してきた知識の蓄えがあるから、今の自分があるのだと思います。

Q これまでの経緯や背景を踏まえて考えるのですね。

　新しいものをつくるときや具体的な成果を求められているとき、人はどうしても今のやり方を否定したくなったり、今のやり方には問題があると拙速に捉えてしまったりしがちです。それでは、どこに本当の問題があるのか、そもそも問題とは何なのか、といった「本質的な問い」を見逃してしまうこともあります。

　結局、戦略でも何でも、それを変えたときに、次の一歩を正しい方向に着実に踏み出せるものになるかどうかが重要です。足場の弱いところでそういうものをつくっても、うまくいきません。

　制度と運用はセットだと思いますが、SMBCの場合は運用がすごく強いと言われていて、20年間しっかり回し続けてきたので、人事制度の骨格部分は2001年から大きくは変わっていません。時代の変遷の中でいろいろと苦しい局面もありましたが、人事運用の頑張りと制度の改良を通じて20年以上同じ人事制度で回し続けてきたことに対しては、ものすごくリスペクトしています。

　私が問題意識を持っているのは、運用の力強さにかなり依存していること。20年間使い続けてきた制度の耐用年数は果たしてどうなっているんだろう、と考えています。

Q 最近は「経営に資する人事」とよく言われますが、経営や事業を理解するために何をすればいいのかわからない、という若手もいると思います。北山さんなら、どう答えますか？

　かつての上司から「人事は最強の黒子であれ」という言葉をいただきました。人事は基本的に、経営の執行を支えつつ従業員の側にも立つという、会社と従業員の間にいる存在であって、決して前面に出るべきではない。経営と従業員の双方を支える最強の黒子でなければならない、というのです。これはその通りだと思うところもあり、私にとって大切な言葉の一つです。

　一方で、人事は経営とともに変革を進めていく、もっと表舞台に出ていくという戦略人事的な考え方も大事な観点だと思っています。最近、人事を希望する従業員が増えているのは、そういうところが認知されてきたからではないかと感じています。

　ただし、人事パーソンとして、決して勘違いしてはいけないことがあります。いろいろな変革を支える立場として期待されていますが、人事は、どうすれば従業員がよりよい職場で働けるようになるのか、どうすれば従業員がよりよい働き方やワークライフバランスがとれるのか、どうすれば従業員の家族がよりよい生活を送ることができるのか、といった従業員側の視点を失ってはいけません。

「人事は経営のビジネスパートナー」などといった言葉に踊らされすぎると、どうしても経営のほうばかり向いてしまいます。そこは気をつけなければいけません。

Q 従業員にとってよりよい職場に、という観点から、従業員の話を聞く機会はどのぐらいあるのでしょうか？

　人事の運用ラインでは、運用担当者一人当たり、年間500件から1000件ほど、従業員面談を行っています。また、いろいろな従業員イ

ンタビューやアンケートを毎年行っているので、集まった情報について分析・検証したうえで、faceしている部門や各職場の部店長・従業員にしっかりフィードバックすることを強く意識してもらっています。従業員の皆さんにはそれぞれの業務時間を削ってインタビューやアンケートに答えてもらっているので、きちんと結果をフィードバックする必要があります。それに対して、反応をもらえることもありますから。

Q ちなみに、人事の人気が出てきているというのは、どういうところで感じますか?

　若い人たちは総じて、人事に対する理解が深まっていると思います。ホールセール・リテールフロントなどの事業部門において、最近はお客さまが人事を経営課題として捉えていて、日々の営業活動の中で、資金調達や資金運用の話だけではなく、人事に関するテーマが話題として出やすくなっているのだろうと思います。

　社内公募制度を使って人事部や研修所に応募してくれる若手も増えています。年に一度、「ジョブフォーラム」という、SMBCやグループ各社から110を超える部署がそれぞれの業務内容や求める人材像を紹介する、社内キャリアフォーラムを人事部主催で開催しているのですが、良くも悪くも人事部は結構人気があります。

Q 若手にアドバイスしたいことなどはありますか?

　私の周りにいる若手を見ていると、最短距離を導き出し、無駄なことをせず、とてもスマートに仕事を進めていくことが上手だと思います。コツコツ調べたり、一見無駄だと思うことに時間を割いてみたりすることも大切だと思うのですが、あっさりと結論にたどり着いてしまうところがあります。時間単位の労働生産性は意識しなければなりませんが、「無駄だと思われることにも価値があるんだよ」と、マネジャーがきちんと伝えていかないといけないのでしょうね。

なぜそんなことを申し上げるのかというと、私たち人事が相手にするのは「人」です。私たちの判断によっては、従業員の行き先だけではなく、その家族も含めて変化を起こす可能性があります。その判断は本当にそれでいいのか、他に取りうる選択肢はなかったのか。必ずしも正解があるわけではないので、考え抜いた結果としての判断なのかと、意識的に問いかけるようにしています。

人事運用の場合はリアルに一人ひとりの従業員と接するので、一人ひとりの従業員の顔がよく見えるのですが、特に人事制度をやっていると対象が何万人にもなってくるので、従業員の顔が見えづらくなってしまいます。

Q 最後に、人事の仕事の専門性というのは、何だと思われますか？

直接のお答えではありませんが、大事なのは、人事の専門馬鹿にならないことではないでしょうか。

人事は、経営とも、従業員とも、また、社外ともつながりを持ち、その結節点のような役割を担っています。人事の専門馬鹿になってしまうと、必ず「会社の中」ばかりに目が行って内向き思考になりがちです。いろいろなところから意見を言われるので、どうしても自分たちを守りたくなってしまうところがあります。

常に、いろいろな意見をいただけるのでありがたい、影響を与えてもらっている、という気持ちでいたほうがいいですね。そういった観点では、SMBCの人事の仕事に求められる専門性は、常にオープンマインドであることかもしれません。そうでないと、人事が自分たちから変わっていくことはできないと思います。

田中聡・中原淳の注目ポイント

　まず、「**一次情報に触れる**」という言葉が印象に残ります。ビジネスパーソンが「学ぶ」というとき、どんな勉強会に出ればいいのか、どんなオンデマンドビデオを見ればいいのか、というように、とかく視線が外を向きがちなのではないでしょうか。

　もちろん、いろいろなメディアを通じて学ぶことも大事ですが、**人事パーソンにとっては「現場から学ぶ」ということが最も重要です**。現場には、現場でしか得られない大事な情報、いわゆる「現場粘着情報」がたくさん落ちています。それらを自分の手足を使って拾いにいくことが重要です。「担当者一人当たり、年間500件から1000件、従業員面談を行う」と、さらっとおっしゃっていましたが、これは膨大な数です。

　次に、「**会社の歴史をさかのぼって考える**」という姿勢も注目すべき点です。いま運用されている制度や仕組みは、すべて過去の合理性のうえに成り立っています。このことは意外と忘れられがちで、歴史や経緯を無視して、「これダメだよね」とすぐ言ってしまったりします。人事の仕事においては、**組織の歴史に対する理解やリスペクトを持つことが**とても大切だと思います。

　人事制度には「人間観」が反映されます。人間観とは、人のモチベーションはどう上がるのか、人の働きがいはどうすれば高まるのかなど、「人をどう見立てるのか」ということです。**「制度の一番根っこの部分には思想がある」**という言葉にはそれが表れています。人間を見ることなく、形式的なジョブやスキルだけを考えても、人事制度や施策はうまくいきません。その背景にある思想の理解が大切です。

　人事の「黒子」としてのあり方で述べているように、**制度や仕組みを考えるときに、社員一人ひとりの顔が頭に思い浮かぶか、その人の家族のことに思いを馳せられているのか**——そういう想像力を働かせることができるのが、北山さんの仕事の特徴なのではないかと思います。

Interview

「人事」の課題はすべてつながっている。
いろいろなことをインプットすることで
「化学反応」が起きて解決の糸口が見えてくる。

株式会社ジャパネットホールディングス
人事本部 採用教育戦略部 ゼネラルマネジャー

田中 久美さん

2006年九州大学法学部卒業後、株式会社ジャパネットたかた入社。カスタマーサービス、経営戦略室を経て、2016年より採用・人材開発を担当。2018年より労務部門にて働き方改革・健康経営に取り組み、健康経営優良法人（ホワイト500）6年連続認定取得。2023年3月より現職。

Q 現在の人事部での立場と担当業務について教えてください。

現在は、ジャパネットグループ15社の採用と教育の責任者を務めています。2023年3月までは労務・健康経営を担当し、キャリアルートや評価などの制度づくりや給与改定などを担っていました。

Q どのような経緯で人事を担当するようになったのですか？

私は新卒でジャパネットに入社し、髙田（株式会社ジャパネットホールディングス 代表取締役社長 兼CEO 髙田旭人氏）の秘書を4年ほど担当し、コールセンターの管理やECサイト運営などに従事したのち、経営企画部門に移りました。そこで事業会社間の請求や、分社化の対応などを担当していたのですが、採用がうまくいっていない状態だったため、兼務で採用のフォローに入ることになりました。途中から専任になった

形です。

　事業の側にいたときは、正直に言うと、あまり人事の存在を意識したことはありません。当時は黒子のようで、どのような業務を行っているのかもよく見えませんでした。実際に配属されてみると、「裏ではこんなにいろいろとしてくれていたのか」と驚きました。

Q 今チャレンジされているのは、どんなことでしょうか？

　ジャパネットはもともと通信販売事業がメインでしたが、現在はもう一つの柱としてスポーツ・地域創生事業を展開しています。2019年にプロサッカークラブがグループ会社になったことをはじめ、長崎でホテルや商業施設、スタジアム、アリーナなどを含めた街を丸ごと自社で運営する「長崎スタジアムシティ」を推進しています。

　それに伴い、スポーツクラブ運営、ホテル運営など、これまでとは異なる能力やスキルを持つ人材を採用し、育成するというチャレンジの最中にあります。

　従来の通信販売事業では売るものが変化していて、家電だけでなく、旅行や食品も売るようになり、ジャンルが広がっています。そこでも、新たな知見と経験を持つ社員が必要です。

　同時に、働き方改革で適正な労働時間の中で生産性を上げていこうと進めているため、多様な事業の成長との両立も、難しい課題の一つです。

Q 新たな事業では、経験者採用が中心なのでしょうか？

　経験者は全体の２〜３割ぐらいで、未経験者の割合が多いです。

　ジャパネットは「自社でやってこそサービスや商品の品質を高められる」というスタンスです。「私はこれしかやりません」ではなく、「新しいチャレンジに積極的に挑戦しよう」という集団なので、いきなり「スポーツクラブの運営をよろしく」など、まったく畑違いの部門に送り込むこともあります。

新規事業を始めるときに経験者採用だけで充足させると、ジャパネットらしさがなくなってしまうので、「バスケットボールクラブを始めるけど、やりたい人はいますか？」など、社内異動を募ることもあります。ホールディングス傘下に14の事業会社がありますが、公募すると、満遍なく手が挙がるイメージです。

 新規事業については、
トップから指示が降りてくるのでしょうか？

　トップから降りてくることももちろんありますし、現場と話しながら決めていき、自分たちのアイデアでは限界があることは髙田に相談にいくこともあります。大丈夫だと思ったら、進捗報告のみで自分たちで進めることもありますね。

　トップから降りてくる場合は具体的な指示があるというよりも、例えば「サッカースタジアムを中心にした街づくりを行います。そこにはこんな意義があります」などと発表があり、各部署が一斉に走り出す、というイメージです。

　人事としては、スポーツ事業でも旅行事業でも、その事業をやろうとしているチームや髙田と直接話をして、「いつ頃から、どんなことをしたいのか」「別会社を立てるのか、社内の一部門としてつくるのか」「どんな人が必要なのか」「人員は10人なのか、50人なのか」「どのくらいの人員を経験者採用で連れてきて、どのくらいの人員を社内でまかなうのか」「正社員なのか、契約社員なのか」といったことを一緒に決めていきます。

Q トップとの距離が近いようですね。

　新卒で入社してすぐに髙田の秘書を4年務めたこともあり、どのように考えるのかは、一応、理解しているつもりです。また、髙田自身が大きな考え方から、細かく具体的なところまで理解してくれるトップなの

で、「なぜやろうとしているかがわからない」「どの方向に走っていくかが理解できない」などと尋ねれば、答えてくれます。課題が大きくても小さくても、行き詰まったら相談しています。

Q 人事として経営・事業に貢献するために、田中さんはどのように学ばれていますか?

　個人や、自部署だけでは解決できないことは世の中で他の方も悩んでいることが多いので、いろんなセミナーに参加しています。東京勤務だった頃は『日本の人事部』主催の「HRアカデミー」にも通いましたし、人事関連のカンファレンスやセミナーには、なんとか時間を捻出して、できるだけ参加するようにしています。

「人事」の課題はすべてつながっていて、採用も、教育も、制度も、アウトプットが違うだけだと思っています。そのためカンファレンスには、「採用の話も聞きたいし、教育の話も聞きたい」「上のレイヤーの話も聞きたいし、現場レイヤーの話も聞きたい」という気持ちで参加しています。

　答えをカンファレンスに探しにいく、というのではなく、いろいろなことをインプットすることで「化学反応」があるというか、具体的な課題に直面したときに、以前聞いた話がつながって解決策の糸口が見えてきたという経験が何度もあります。

Q 人事の課題が相互につながっているという考え方に至ったきっかけは何でしょうか?

　新しいジャンルの業務に向き合うときの勉強の仕方も髙田に教わったのですが、例えば、コールセンターを担当することになったらコールセンターに関する本を10冊読む、インターネットを担当することになったらECサイトに関する本を10冊読む、というものです。髙田がバイヤーの責任者から始まり、コールセンターを見て、インターネットを見て、

という形で社長になっていくのを近くで見ていましたから、それをまねるようになりました。

　私自身も、インターネット事業に異動になったとき、販売系に行くのが初めてだったので、関連しそうな書籍を片っ端から買って読み、メンバーと会話できるぐらいのベースをつくりました。2016年に採用担当になったときも、採用の良書と言われる本をひたすら読んで、採用のセミナーにも参加しました。

　さまざまな人事の仕事に携わる中で、一つひとつの点や線がだんだん面になってきた、という感じです。最初から人事の課題が相互につながっていると考えていたわけではなく、経験を積んでからそう思うようになりました。

Q 今現在、意識的に学ぼうとされていることはありますか？

　2022年から、グロービス経営大学院に通っています。苦手だった経営数字を学ぶためです。

　事業に関する経営層の意思決定についてはわかっているつもりですが、お金にまつわることは理解できていないと感じていました。同じ目線で会話ができていない、という課題を感じていたのです。

　アカウンティングやファイナンスを学び始めると、社長や役員と話しているときに見えてくるものが違うと感じます。それは人事についても同様で、今後事業構造が変わっていくときに、どんな資源を入れたらいいのかという思考が役立つだろう、と感じています。

　グロービスでは、人事ではない人ともたくさん出会うので、社内では聞けないような悩みを聞くことができます。そういう悩みが当社でも起こっているのではないかといった予見のような、違う角度からのインプットは増えたと思います。

Q 同じ部署のメンバーの方には
どのような学びをしてほしいと思いますか？

　情報を取りにいこうとする人がまだ少ないと思っています。社外のセミナーに参加したり、書籍を読んだり、全社の情報に広く興味を持ったりするなど、もっと「取りにいく学び」をしてほしいと思います。

　ジャパネットにはオリジナルな考え方が多いので、売り方でも何でも、世の中を参考にするよりも、「自分たちがどう思うか」を問われます。そんな風土の中で育っていると、社外から知識を取り入れようとか、一般的なやり方を参考にしようという発想がなくなり、社内だけで「どうしようか？」と考えてしまいがちです。もっと外を見てほしいですね。

　また、社内の誰でも参加可能な販売系の「オープン会議」というものがあるのですが、「人事に関係ないから」と参加しなかったりします。「各部署がどんな工夫をしているのかがわかって、めちゃくちゃ面白いよ」と言って参加してもらうと、「改善の仕方がすごく参考になって、採用の運用にも使える」といった学びがあるようです。

Q メンバーの仕事への向き合い方についてはどうでしょうか？

　仕事に対するスタンスとして、仕事を「自分が変えられるもの」と感じてほしい、受け取ってほしい、と思っています。

　2023年3月から採用・教育に異動しましたが、感じがよくて、やる気もある、すごくいいメンバーがそろっています。しかし、話を聞くと、課題を感じていながらも我慢してやっているところがあり、「自分で変えたらいいのに」と思うことがたくさんありました。

　例えば、選考のステップについて、「こういう経緯で、社長決裁も踏まえて決まったと聞いている」と言って、「自分たちでは変えられないもの」と感じているメンバーがけっこう多くて、少し驚きました。「いい人に入ってもらって社内を活性化するのが目的なんだから、おか

しいと思ったら変えればいいよ」と言って、役員の会議に持っていくなどの動きを続けていると、毎日いろいろな改善が上がってくるようになりました。これも変えたかった、あれも変えたかった、というものがどんどん出てきて、みんなの表情も明るくなっていきましたね。

Q その他に何か意識されていることはありますか？

　昔は人事のスタンスは黒子的なものだったのですが、今の私たちがやっている人事は、社員の前に出ていって、なぜこの制度を入れるのかを話したりするので、攻めの人事というか、顔が見えるようになってきていると思います。人事から積極的に発信していこうと意識して取り組んでいます。

　また、人事部門としてこういう考えでやっていると伝えるだけでなく、各部門の役職者にも、その人なりの言葉に変換して伝えてもらいます。そのようにして両方から伝えなければ社員には伝わらないと思うので、そういった点も意識していますね。

Q 人事の魅力について、
どのように感じているか教えてください。

　人事の仕事は魅力的だと思います。どんな仕事にも、その仕事なりの面白さがあって楽しいと思いますが、ヒト・モノ・カネの中でヒトが一番変化率が高い。それが人事ならではの面白さだと考えています。

　例えば10人の組織があったとき、1人加入することによってマイナスに働くこともあれば、力が5倍、10倍になることもあります。そうなるのは働きやすさなのか、制度なのか、教育機会なのか。自分たちが考えてやったことで変化していく。「1＋1＝2」という以上の変化があることが面白さだと思いますし、それぞれ考えていることが見えないから難しい。簡単ではないけれど、可能性がすごくあるところが面白さだと思います。

Q 最後に、人事パーソンに求められる専門性を、
ご自身の言葉で表現していただけますか。

　人事に関わるすべてをわかる必要はないと思っています。わからなければできる人にお願いすればいいし、教えてもらえばいい。それよりも、自社のコアな部分はどんな考え方で、経営陣が何をしたいと思っているか、世の中がどういうふうに動こうとしているかを理解しなければいけないと思います。

田中聡・中原淳の注目ポイント

　まず、**新しいジャンルの業務に取り組む際の「学び方」を確立してい**るところに注目します。**「関連する書籍を10冊ほど買って読んで、現場と会話できるぐらいにする」**と田中さんは言います。過去にコールセンターやインターネット事業に配属された際、また、人事で採用担当になった際も、学び方は変わっていません。どんな領域であっても活用できる「学びのスタイル」を身につけているということです。

　また、オリジナルな考え方を重視し、社内に閉じがちなカルチャーの中、情報収集のために外に出ていくフットワークの軽さも特徴です。経営層と同じ目線で話をするために、経営数字を学びに大学院に通っているように、積極的に**「取りにいく学び」**を実践されています。

　次に注目したいのが**「人事の課題はすべてつながっている」**という言葉です。採用、教育研修、制度、労務など、業務としては分担されていたとしても、個々に独立しているわけではありません。高度化する人と組織の課題を解決するためには、人事が一つのチームになり、個々の役割が連携することが重要です。

　そうした意味でも、**「採用の話も聞きたいし、教育の話も聞きたい」**という気持ちで外部のセミナーに参加されていた田中さんのように、自分の担当業務だけではなく、他の人事の領域に関する**「水平方向の学び」**も大事だと思います。

　田中さんは「黒子としての人事」ではなく**「攻めの人事に変わっていこう」**というメッセージを強く発信されています。人事が従業員の前に立って、自分たちの声として、「会社をこういうふうに変えていきたいから、こういう施策を実施していく」といった**「説明責任（アカウンタビリティ）」**をきちんと果たすというスタンスを強く感じました。オペレーション人事から経営課題解決型の人事への転換が進む中、積極的に前に出る姿勢がより大事になってくるのではないでしょうか。

第 **2** 章

人事パーソンの
学び論

本章では、人事パーソンの「学び」について考えます。「人事パーソン全国実態調査」の結果によれば、人事パーソンが職場以外での学びに費やす時間は他職種のそれよりも長く、また、職場での学習行動はハイパフォーマーほど実践的であることがわかりました。新たな課題に追われ続ける中で、経営・現場に貢献するために、人事パーソンは「何を」「どのように」学んでいけばいいのかを見ていきましょう。

人事パーソンは
仕事を通じて何を学ぶのか？

1) 人事パーソンが身につける3つの専門性

　これまで繰り返し述べてきたように、今、社会や経営における人事の重要性は急速に高まっています。人事パーソンが向き合う課題はいずれも会社の方向性を大きく左右する重要な経営課題ばかりです。しかも、自社で過去に取り扱ったことがないだけでなく、他社を見渡しても先行事例がないようなまったく新しい課題が乱立しています。そのような課題に対して、長年の経験と勘だけを頼りに立ち向かおうとするわけにはいきません。

　そこで必要になるのが人事パーソン自身の「学び」です。**従業員の学びや成長を促す人事パーソンは、自らもまた「学び続ける」存在でなければなりません。**

　では、人事パーソンは、いったい「何を」「どのように」学べばよいのでしょうか。ここでは、人事が果たす個々の機能・役割に必要な固有のスキルや知識についてではなく、人事業務全般に共通して身につけることができる人事パーソンとしての専門性について見ていきたいと思います。

　まずは、何を学ぶ必要があるのか、という点から考えていきましょう。本書では、人事パーソンが仕事を通じて身につけることができる専門性として、大きく「**①経営・事業の理解**」「**②組織・人の理解**」「**③社会・法の理解**」の3つを取り上げます。

図表41 人事パーソンが身につける3つの専門性

|経営・事業
の理解|組織・人
の理解|社会・法
の理解|

①経営・事業の理解

人事パーソンが仕事を通じて身につけることができる専門性の1つ目に挙げられるのが「**経営・事業の理解**」です。

人事の仕事をする中で、自社という組織は、どういう理念・思想のもとで経営しているのか、その理念・思想を実現するためにどのような経営目標を掲げているのか、その目標を達成するためにどのような経営戦略・事業戦略を実行しているのか、といった経営・事業の根幹について学ぶ機会が増えます。

一見、それらは会社で働く者にとって当たり前のことのようにも感じますが、事業部門などで働いていると、日々の仕事の中で会社全体の経営理念や経営方針について考えたり、学んだりする機会は意外に少ないものです。例えば、営業パーソンであれば、目の前の顧客の課題を解決することや今期の業績目標を達成することに集中せざるをえません。

さらには、「**会社の経営戦略や事業戦略を遂行しようと考えたときに、どのような競争上の優位性があるのか、または課題があるのか**」を検討したうえで、「**そうした課題を人事的な観点からどのようにして解決するのか**」といった方策を示すための専門性も求められます。

よく経営層からの「人事にはもっと経営や事業のことを学んでほし

い」という指摘を耳にしますが、人事パーソンが経営者や事業責任者と同じ目線で会社の方向性を議論する立場になることを期待されている証左と言えます。

②組織・人の理解

人事パーソンが仕事を通じて身につけることができる専門性の2つ目に挙げられるのが「組織・人の理解」です。

経営や事業について詳しいだけでは人事の仕事はできません。第1章で、人事の役割は「人と組織の課題解決という手段を通じて、経営と事業の成長に貢献する」ことだと述べました。つまり、経営という営みの中で人と組織の課題解決をミッションとするのが人事パーソンです。であれば、**いま自社でどのような「人と組織」にまつわる課題が生じているのか、常にアンテナを張り巡らせておく必要があるでしょう。**

このアンテナを感度高く保つためには、日常的に現場に出向き、従業員の声に耳を傾け、職場のダイナミクスを観察することが重要です。また、組織内のさまざまな部門の関係者と積極的にコミュニケーションをとり、社内のソーシャルネットワークを築くことも組織・人の理解を深めるうえで不可欠なスキルと言えるでしょう。

課題に対して効果的な打ち手を企画できたとしても、それが現場の社員に受け入れられ、活用されない限り、すべては絵に描いた餅に終わります。ですから、このように一見地味に思われる現場の観察や社内との関係性づくりが、人と組織の課題を察知するうえで重要になります。

ここに人事特有の難しさが潜んでいます。例えば、人事制度を改定する場面を想定してみてください。経営陣や外部コンサルタントと何度も検討を重ね、緻密に設計された人事制度をいざリリースすると、予想に反して現場社員からの評判が悪く、「また人事が余計なことを……」とネガティブな印象を持たれてしまうケースがよくあります。

これは、ひとえに「人と組織に対する理解（想像力）の欠如」が生み

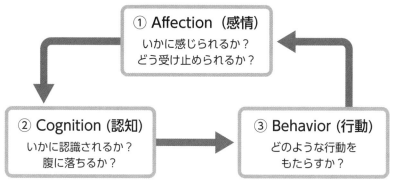

図表42 人と組織に対する想像力を働かせる

① Affection（感情）
いかに感じられるか？
どう受け止められるか？

② Cognition（認知）
いかに認識されるか？
腹に落ちるか？

③ Behavior（行動）
どのような行動を
もたらすか？

出す「運用上の失敗」と言えるでしょう。人事の世界には「企画2割、運用8割」という言葉があります。図表42に示すように、人事からの発信が、現場の社員や組織にどう受け止められ（Affection：感情面の理解）、いかに認識され（Cognition：認知面の理解）、そして、どのような行動をもたらすか（Behavior：行動面の理解）を徹底的に考え抜く必要があります。

③社会・法の理解

最後に、人事パーソンが仕事を通じて身につけることができる専門性の3つ目として挙げられるのが**「社会・法の理解」**です。

人事パーソンが身につけるべき「社会・法の理解」とは、ビジネスを取り巻く社会的背景や法律体系に対して深い洞察を持つことです。例えば、最新の労働法の変更点を把握し、それらが自社の人事ポリシーや個々の人事施策に対してどのように影響を与えるかを理解することなどが挙げられます。また、DE&Iの推進、ハラスメント防止、働き方改革といった社会的なトレンドに対する敏感さも求められます。

このように、人事パーソンは、社会の動きや法律の要請を理解し、外的環境に適応した人材マネジメントを行うことで、従業員と企業が法的

な問題に直面するリスクを最小限に抑え、より効果的で健全に働く環境を整備する責任を担っています。そのため、「社会・法の理解」は人事パーソンにとって、必須の専門性であり、企業が社会的責任を果たし、持続可能な成長を遂げるために不可欠と言えます。

2) 人事パーソンの「専門性」に対する「幻想（イリュージョン）」

　これまで、人事の仕事を通じて身につく専門性について「①経営・事業の理解」「②組織・人の理解」「③社会・法の理解」の3つの観点から見てきました。

　ここで改めて「専門性」という言葉の持つ意味について考えておきたいと思います。というのも、多くの人がこの「専門性」という言葉に対して、ある種の**「幻想（イリュージョン）」**を抱いているように感じるからです。

　読者の皆さんは「専門性」という言葉に対して、どのようなイメージを持っていますか？　どの企業や組織にも適用できる「汎用的」なもので、一度学べば未来永劫、活用し続けることができる「不変的」なもので、専門書を読んだり、講座や勉強会に参加したりして「職場の外で学ぶ」もの、というイメージを持つ人が多いのではないでしょうか。

　しかし、実際には、人事の専門性のほとんどは「汎用的」なものではありません。さらに言えば、「不変的」でもなく、「職場の外だけで学べる」ものでもありません。ここでは、これらの前提について確認しておきましょう。

人事パーソンの専門性は「汎用的」ではない

　人事が身につける専門性には「①経営・事業の理解」「②組織・人の理解」「③社会・法の理解」の3つがあるのは、先ほども述べたとおりですが、より正確には「❶その会社の経営・事業の理解」「❷その会社

その会社の
経営・事業
の理解

その会社の
組織・人
の理解

その国の
社会・法
の理解

の組織・人の理解」「❸その国の社会・法の理解」と言うべきものです。すなわち、**国や会社には、それぞれに固有の文化や文脈があり、それらと「切り離して」人事の専門性を発揮することはできないのです。**

　具体的な例で考えてみましょう。例えば、アメリカの学会で提唱された最先端のHR理論や、大手有名企業で導入されて成功した最新のHR施策があるとします。では、そうした理論や施策をそのまま持ってきて、自社に適用すれば、滞りなく機能して、大きな成果を上げられるのでしょうか。おそらく、うまく機能しないことのほうが多いと思います。社会や会社の状況も、文化も、文脈も違うので、理論や施策をそのまま適用することはできません。

　もちろん、理論や概念、他社での成功事例やケーススタディがまったく意味を持たず、無価値である、と言っているわけではありません。どの企業や組織にも適用できる「汎用的」なものだと考えてはいけないということです。理論や施策を参考にしながらも、自社の文化や文脈に合わせて「カスタマイズ」しなければ、機能しませんし、成果も上げられません。

人事パーソンの専門性は「不変的」ではない

　次に重要なこととして、**人事の専門性は「一度身につければ、いつまでも有効に使い続けられる」というものではありません。**社会やビジネス環境が常に変化し続けるのであれば、当然、人事に求められる専門性も変わり続けます。つまり、専門性を「固定的で変わらないもの」と思ってはいけないということです。

　要するに、すべての専門性にはそれが価値をもたらす「賞味期限」というものがあるのです。かつての輝かしい成果をもたらした知識・技術・スキルが30年先も有効だ、などということはありえません。本人が望むと望まざるとにかかわらず、社会やビジネスの環境は日進月歩で歩みを進めています。

　勉強会やセミナーに参加したり、社会人大学院で学んだりすることは大いに奨励されるべきことです。しかし、そこで学んだ人事の知識やスキルの有効性はあくまで時限的なものであることを心に留めておく必要があります。「最終学歴より最終学習歴」という言葉にあるように、ビジネスパーソンの学びは「一度修めればいい」というものではなく、常に「アップデートし続ける」必要があります。人事の専門性は「学び続ける」ことで立ち現れてくれるのです。

人事パーソンの専門性は「職場の外だけで学べる」ものではない

　私たちの調査では、人事パーソンは他職種と比べても学びに意欲的で、外部のセミナーや勉強会に参加したり、業務に関連する書籍を読んだりするなど、職場外での学習を多く行っていることがわかりました。

　人材開発や組織開発にまつわるカンファレンスや講座は数多く開かれていますし、昨今では、これらを専門的に学べる大学や社会人大学院も生まれてきています。筆者らの勤務する立教大学大学院経営学研究科LDCコースでは、人材開発・組織開発のプロフェッショナルを養成することにチャレンジしており、毎年多くの卒業生を輩出しています[26]。

このような職場外での学びを行うことには多くのメリットがあります。社内にはない知識に触れる機会になり、人事パーソンとしての視野が広がるきっかけになるでしょう。また、人事パーソン同士の社外ネットワークができるといったメリットも期待できます。

しかしながら、ここで注意したいのは、**人事の専門性は「職場の外で学ぶ」だけでは十分ではない**、ということです。

いくら職場外で知識を得たり、ネットワークをつくったりしたとしても、それが現場の実践に活かされなければ意味がありません。知識として理解していることと実際にできることの間に大きな隔たりがあることを「Knowing-Doing Gap」といいますが、このギャップを埋めるためには**「経験学習」**が必要です。

前述のとおり、どんな理論や成功事例であっても、それをそのまま自社で導入しようとしてもうまくいきません。成果を上げるためには、組織の文化や文脈に合わせた「カスタマイズ」が必要です。職場外での学びによって得られた知識やスキルは、その時点では「ただのツール」にすぎません。

現場とコミュニケーションを図りながら実際に課題解決を試み、結果を踏まえて振り返り、修正を加える、といった「経験学習」のサイクルを回すことで、少しずつ「使える武器」になっていくのです。後ほど詳しく紹介しますが、私たちの調査でも、ハイパフォーマー人事ほど、職場において「経験学習」を行っていることが明らかになりました[27]。

以上、専門性に対して私たちが抱きがちな幻想のことを**「専門性イリュージョン」**と表現して、その特徴を「汎用的」「不変的」「職場の外だ

---

26) 立教大学大学院 経営学研究科 LDCコース
　　[URL] https://ldc.rikkyo.ac.jp/
27) 筆者らが勤務する立教大学大学院経営学研究科LDCコースでは、人事の知識・スキルを体系的に学びますが、大学院生全員が実際の現場で人材開発・組織開発に取り組む、という「経験学習」も取り入れています。

けで学べる」という3つのキーワードでご紹介しました。

　これまでの議論を踏まえ、最後に一つ強調しておきたいのは、**人事という仕事が持つ専門性は、日々の業務の中で育まれ、深まっていくもの**だということです。**経営の理解、組織や人に対する洞察、さらには社会や法律に関する知識は、決して固定的なものではなく、絶えず変化し、発展しています。これらの専門性を深めていくためには、職場内外を問わず、学び続ける姿勢が不可欠です。**

　私たちが「専門性イリュージョン」と呼んでいる幻想を超え、「真の専門家」として成長するためには、人事領域で流行しているバズワードに踊らされず、また専門性という言葉に惑わされずに、目の前の変化を受け入れ、自分自身の成長に深くコミットし、学び続けることが重要なのです。

3) 人と組織の課題は似たり寄ったり

　人事パーソンの学びの場の特徴の一つとして、学びに関する社外イベントや交流会の多さを挙げることができます。

　人事の領域では、人事領域の専門家や企業の人事リーダーを招いたカンファレンスやセミナーが多数開催されているほか、勉強会や読書会なども活発に行われています。数多くのイベントや交流会に参加して、他社の人事パーソンと交流を持ち、仕事のヒントを得る、ということが当たり前に行われています。これは、営業や研究開発、総務、経理といった他の職種においてはなかなか見られない光景です。

　第1章でも述べたとおり、人事の仕事は、企業の経営・成果に対して「間接的」な関わりを持って機能を果たすものです。つまり、市場競争や利益に直結していない、という特徴があります。もちろん、人事情報など社外秘に当たるものはありますが、他の部門と比べると、他社ともオープンな情報交換ができるのが人事の特徴です。

また、別の側面でいうと、人事の仕事には「唯一絶対の解がない」ということもあるでしょう。会社ごとに事業内容や経営状況、組織風土などが異なる中で、次から次へと生まれる人と組織の課題に対応していかねばなりません。少しでも課題解決のヒントを得るために、他社がどうしているのかを知りたい、と考えるのです。

　私たちは、仕事柄、よく人事パーソンの方から相談を持ちかけられますが、皆さん、申し訳なさそうに「うちの会社はちょっと特殊なんですけど」とおっしゃいます。業界・業種を問わず、よく耳にする言葉なのですが、詳しくお話を伺っていると、どの会社も似たような問題を抱えていることに気づきます。表面的に生じている現象レベルの課題はそれぞれに特殊性があったとしても、その背後にある構造は多くの企業で共通しています。それぞれの組織で程度の差こそあれ、人のやること・なすことです。共通点があってしかるべきでしょう。

　転職して人事の仕事を続けたり、人事コンサルタントとして独立したりする人が多いのも、ここに理由があります。私たちの調査では、他の職種と比べて「人事は副業がしやすい」という特徴が明らかになっています。図表44に示すように、**人事パーソンで副業をしているのは13.5％で、その他の職種の8.1％を大きく上回っています。副業希望者も含めると、人事とその他では2倍近い差があることがわかります。**

　さて、先ほど、人事の専門性は「固有の文化や文脈に依存する」と述べました。その一方、前述したような人事の特徴からは、どの企業も共通した人や組織の課題を抱えていて、その解決には、過去に培った知識やスキル、経験学習の成果を活かすことができるようにも思えます。

　この2つの主張に矛盾を感じる方がいらっしゃるかもしれませんが、これは、どのような視点で課題を捉えるのかによるのだと思います。すなわち、**ぐっと近づいて「虫眼鏡」で課題を捉えるのか、遠くに引いて「鳥の目」で捉えるのか**、という違いです。

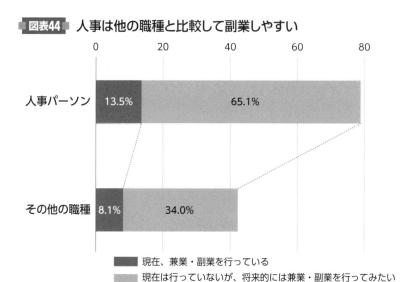

図表44 人事は他の職種と比較して副業しやすい

人事パーソン 13.5% 65.1%

その他の職種 8.1% 34.0%

■ 現在、兼業・副業を行っている
■ 現在は行っていないが、将来的には兼業・副業を行ってみたい

出所：田中聡・中原淳・日本の人事部（2022）人事パーソン全国実態調査・一般ビジネスパーソン調査

　遠くに引いて「鳥の目」で見ると、業界や企業を問わず、人や組織の課題は似通っているものです。だからこそ、時に学術的な理論のおかげで自社が抱える問題の構造を整理できたり、他社の事例から自社の課題解決につながるヒントを得られたりするのです。

　また、他職種と比較して社外コミュニティが多く、人事パーソンの交流や情報交換が盛んに行われているのも、そうした「課題の共通性」が影響していると考えられます。

　一方で、ぐっと近づいて「虫眼鏡」で見ると、一見すると同じような課題であっても、企業や組織によって異なる部分があり、理論や知識、他社事例を単純には適用できないところがあります。自社で課題解決に取り組むとなれば、理論や他社事例をそのまま取り入れるのではなく、組織の文化や文脈に合わせた「カスタマイズ」が必要不可欠です。

　もちろん、人と組織の問題である以上、これまで培った知識やスキルを活かせる部分はあるでしょう。また、過去の課題解決における制度や

施策はそのまま適用できなくても、課題解決のための考え方やプロセスを参考にすることはできます。

　しかし、理論や他社事例を参考にするにせよ、知識やスキルを活かして副業・転職・独立するにせよ、それらをそのまま持っていって適用することはできません。繰り返しになりますが、課題解決に取り組む際には、必ず「カスタマイズ」が求められます。

人事パーソンは
仕事を通じて
どのように学ぶのか？

1) ハイパフォーマー人事ほど職場での学びに積極的

　さて、ここまで、人事の仕事を通して身につけることができる専門性について見てきました。続いては、人事パーソンが「職場でどんな学びをしているか？」を見ていきましょう。ここでは、人事パーソン全体ではなく、特に仕事の中で成長し、成果を出している「ハイパフォーマー人事」の特徴について見ていきたいと思います。

　ハイパフォーマー人事とは、筆者らの調査に協力いただいた人事パーソンのうち、「直近の人事評価」（5段階評価）と「直近1年間の成長実感」（7段階評価）のいずれの項目もTOP2ボックス（上位2つまでの選択肢）に回答していた方です。すなわち、仕事の成果に対する「他者評価」が相対的に高く、主観的にも仕事で「成長実感」を感じている人のことを、本書では「ハイパフォーマー人事」と呼びます。

　図表45に示すように、調査の結果、全体の32.6％がハイパフォーマー人事に当たることがわかりました。

　今回の調査では、ハイパフォーマー人事が、代表的な職場での学びとして「経験学習（挑戦を含む仕事経験と内省を通しての学び）」「1on1（上司と部下の高頻度の面談）」「フィードバックシーキング（自らフィードバックを取りにいく行動）」をどの程度実行しているかを分析しました。ここではまず、それぞれの学びの行動について簡単に説明していきます。

成長実感軸	ラーニングタイプ 15.9% / 0.5%	3.7%	39.6%	47.1%	9.2%	ハイパフォーマータイプ 32.6%
とても実感した		0.4%	4.8%	8.8%	3.9%	17.9%
実感した	0.1%	0.5%	10.1%	17.5%	2.5%	30.7%
やや実感した	0.1%	1.3%	16.2%	15.2%	2.1%	34.9%
どちらともいえない		0.5%	4.1%	2.5%	0.3%	7.4%
あまり実感しなかった	0.1%	0.7%	3.4%	2.3%	0.4%	6.9%
実感しなかった		0.1%	0.6%	0.6%		1.4%
まったく実感しなかった	0.1%	0.1%	0.3%	0.3%		0.9%
その他のタイプ 27.8%	D(最下位層)	C(下位層)	B(中位層)	A(上位層)	S(最上位層)	パフォーマンスタイプ 23.7%

人事評価軸

出所：田中聡・中原淳・日本の人事部（2022）人事パーソン全国実態調査

経験学習

「経験学習（Experiential Learning）」とは、人は、(1)挑戦を含むような経験（背伸びの経験）を積み重ね、(2)そこで起こった出来事を内省すること（振り返り）を通して、自分の能力・スキルを高めることができる、と考える、人材開発の中でも最も基礎的かつ普及している理論の一つです。

そのルーツは、19〜20世紀に活躍した思想家ジョン・デューイの発想にあると言われています。デューイは、人間を「知識やスキルを受動的に伝達される存在」というよりも、「能動的に環境（他者・物事）に働きかける存在」として捉え、私たちは、その働きかけにより「経験」を積むことを通して、自ら能力を高めていけるのだとしました。これがのちに「経験と学習にまつわる理論」に発展していきます。

これをビジネス界で普及させたのが、ケースウェスタンリザーブ大学のディビッド・コルブ教授です。コルブは、デューイの「経験と学習に

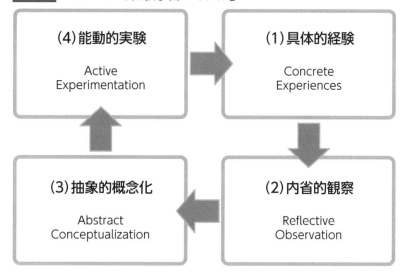

図表46 コルブの「経験学習サイクル」

（4）能動的実験
Active
Experimentation

（1）具体的経験
Concrete
Experiences

（3）抽象的概念化
Abstract
Conceptualization

（2）内省的観察
Reflective
Observation

まつわる考え」を、図表46に示す4つの要素に簡略化して、「経験学習サイクル」と呼ばれる簡易的な循環モデルをつくりました[28]。

　端的には、（1）現在持っている能力を少し超えて「背伸び」が必要な業務・職務を経験し（具体的経験）、（2）一つのプロジェクトや仕事を終えたときなどに、俯瞰的な観点、多様な観点から経験を振り返り（内省的観察）、（3）他の状況でも応用可能な知識やルール、ルーティンをつくり（抽象的概念化）、（4）構築したマイノウハウ・マイルールを実践に移す（能動的実験）というサイクルです。

　このモデルが1990年代、人口に膾炙します。これが人材開発の業界では最も知られているモデルの一つになっています。日本には2000年代に輸入され、2010年代になって急速に普及しました。

---

28) Kolb, D.（2014）*Experiential Learning: Experience as the Source of Learning and Development.* Pearson FT Press.

1on1

　2010年代に企業内での「経験学習」の実践として爆発的に広まったのが、「1on1（1on1ミーティング）」です。1on1を日本に広めたのはヤフー株式会社（現 LINEヤフー株式会社）です。当時、宮坂学氏がヤフージャパン社長に就任し、スマホ対応に乗り遅れたヤフーの経営改革を行っていました。宮坂氏は、コーチングやキャリア論に詳しい本間浩輔氏を人事責任者に任命し、本間氏のリーダーシップのもとに、さまざまな人事施策を導入しました。その一つとして行われたのが1on1です[29]。

　1on1とは、部下と上司が高頻度に面談を行うことで、経験学習の鍵となる「振り返り（リフレクション）」を促す取り組みです。半期に一度、あるいは四半期に一度程度行われるMBO（目標管理制度）の面談とは異なり、非常に短いスパンで面談を行うため、経験学習サイクルを高速回転させることができるのが特徴です。

　1on1では、業務報告や相談を伴う場合もありますが、基本的な目的は、部下に日々の経験の振り返りを促し、上司が「フィードバック」を行うものです。フィードバックとは、相手の行動について、どのように見えるかについて現状を通知し、目標設定して行動の変化を促す「現状通知と立て直し」によって人材開発を行うものです。

フィードバックシーキング

　繰り返しになりますが、フィードバックとは、管理職が部下の成長を促すために、（1）部下が現状でどのような行動をとっているのかを通知し、（2）部下が行動改善を行うために「ともに」対話を重ねる部下育成手法です。育成効果の高い手法の一つとされています[30]。

　新人・若手期には自然と上司や先輩からフィードバックをもらえるこ

29）本間浩輔（2012）『ヤフーの1on1：部下を成長させるコミュニケーションの技法』ダイヤモンド社.
本間浩輔・吉澤幸太（2022）『1on1ミーティング：「対話の質」が組織の強さを決める』ダイヤモンド社.

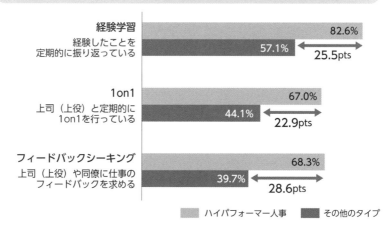

図表47 ハイパフォーマー人事は「職場での学び」に積極的

直近1年間で行っている学習行動（あてはまる回答者の割合）

経験学習
経験したことを
定期的に振り返っている
82.6%
57.1%
25.5pts

1on1
上司（上役）と定期的に
1on1を行っている
67.0%
44.1%
22.9pts

フィードバックシーキング
上司（上役）や同僚に仕事の
フィードバックを求める
68.3%
39.7%
28.6pts

ハイパフォーマー人事　　その他のタイプ

出所：田中聡・中原淳・日本の人事部（2022）人事パーソン全国実態調査

とが多いですが、年次や役職が上がっていくと、徐々にそういう機会が少なくなっていきます。そこで重要になるのが「フィードバックシーキング（フィードバック探索行動）」です。

　フィードバックシーキングとは、自ら上司や同僚に仕事のフィードバックを求めることです。経験学習の振り返りにおいても、他者の視点を取り入れることは非常に有効です。ビジネスパーソンが成長するためには、フィードバックが来るのを受け身で待つのではなく、自ら取りにいくような主体的な行動（プロアクティブ行動）が求められます。

　以上3つの学びの行動について、ハイパフォーマー人事とその他の人事パーソンの実践度合いを比較したのが図表47です。ハイパフォーマー

30）中原淳（2017）『フィードバック入門：耳の痛いことを伝えて部下と職場を立て直す技術』PHP研究所.
　　中原淳（2017）『はじめてのリーダーのための 実践！フィードバック：耳の痛いことを伝えて部下と職場を立て直す「全技術」』PHP研究所.

人事は、その他の人事パーソンに比べて、「経験学習」「1on1」「フィードバックシーキング」のいずれの学習行動も実行している割合が高いことが明らかになりました。

　前述したとおり、ハイパフォーマー人事は、その他の人事パーソンに比べて、はるかに多くの人が「経験学習」を実行しています。社会人の学びの基本が「経験学習」であるのは、人事パーソンも例外ではありません。課題解決のための制度や施策を実際に試し、プロセスや結果を振り返り、改善して再び実行する、といった経験と内省のサイクルを回すことによって、成長し、成果を出すことができます。

　また、ハイパフォーマー人事は、上司との定期的な「1on1」、上司や同僚に仕事のフィードバックを求める「フィードバックシーキング」にも積極的であることがわかります。

　ハイパフォーマー人事の学びの特徴は、図表48に示したように、「I（私）モード」と「You（他者）モード」の両方を実行していることにあります。

　まず「I（私）モード」とは、自分の能力やスキルからして少し難易度の高い仕事に「挑戦」し、その経験を「内省（振り返り）」するという、まさしく「経験学習」のことを言います。

図表48　「I（自分）モード」と「You（他者）モード」

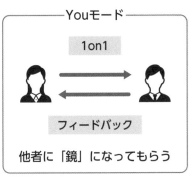

一方の「You（他者）モード」とは、「1on1」や「フィードバック」を通して、自分の行動や成果について、他者の視点で指摘や助言を得ることです。他者に自分を映す「鏡」になってもらうとも言えます。

　すなわち、ハイパフォーマー人事は、自分自身で「経験学習」を実行するとともに、他者からの「フィードバック」を活用して、自身の行動や成果を客観的に評価し、見直しているのです。これらの組み合わせによって、より効果的・効率的に学ぶことができています。

2）人事パーソンの「経験学習」とは？

　前項では、人事パーソンとして成長し、成果を上げるためには「経験学習」を実行することが重要だと述べました。

　しかし、読者の皆さんの中には「経験学習を実行しろと言われても、どうしたらいいのかわからない」「具体的なイメージが湧かない」という方もいらっしゃるかもしれません。

　ここでは、人事パーソンの「経験学習」について、リアルなイメージを持っていただくために、2つの事例をご紹介します。

●新しい管理職研修の導入──人材開発の事例●

　コロナ禍でリモートワークが増えたことで、研修のあり方を大きく変えた、という企業は少なくないと思います。A社の人事チームも、今まで「対面」でのみ実施してきた管理職研修を、Web会議システムを活用して「オンライン」で実施することにしました。

　移動を伴わないオンライン研修は、多忙な管理職のニーズにも合致しています。オフサイトで1日がかりという従来のあり方は、参加者からの評判も今ひとつでした。そのため、新たな研修ではコンテンツを30分単位に区切って、すき間時間を使って学べるように工夫しました。これがA社人事の「経験」です。

研修終了後、受講者にアンケートを依頼し、オンライン研修についての意見や感想を尋ねました。そこには肯定的な意見もあれば、問題点の指摘もあります。運営上の要望などもあり、今後の改善につながりそうな要素も数多く見られました。人事チームはそうした声を参考にしながら、何がよかったのか、何が課題なのか、どのように改善するのかなどを話し合いました。これが人事の受けたフィードバックと、それを踏まえた人事チーム内での「振り返り」です。

　こうした経験と振り返りを通じて、人事チームは、オンライン研修の学習効果を高めるためには、①対面での研修よりも冒頭のアイスブレイクに時間をかける、②チャット機能を使って講師と参加者とのインタラクティブな交流を積極的に取り入れる、③受講者を数人ずつのグループを分けて対話する時間を設ける、などの工夫が必要であるという「教訓（マイセオリー）」を学びました。A社人事は、この経験から得た学びを活かして、半年後に同じプログラムの第2弾を企画しています。

　このように、新たな研修を企画・実施し、受講者からのフィードバックと振り返りを踏まえて、学びを言語化し、研修内容や運営方法を見直して次の企画に臨む。この一連の流れがA社人事の「経験学習」です。

●男性育休制度の導入──人事制度の事例●

　B社では、社長の指示で、男性を対象にする育休制度をつくることになりました。人事は他社事例を調べたり、同業で制度を始めたばかりの企業にヒアリングしたりしながら、概要を詰めていきました。

　その結果、「子が1歳に達するまで、最大1年間の育児休業の取得が可能」「子の出生後8週間以内に、4週間まで2回に分割して産後パパ育休の取得が可能」「子が3歳に達するまで、希望すれば1日6時間の

短縮勤務が可能」などを盛り込んだ制度案ができました。

　社員向け説明会を開催したところ、さまざまな意見が飛び交いました。当初の予想に反して、「若い男性社員が抜けてしまったら現場は回らない」「他の社員の労働時間が増えてしまうのではないか」「どうやって穴を埋めたらいいのか」といったネガティブな意見が多く挙がりました。これがB社の「経験」です。

　説明会終了後、人事チームは、複数の男性若手社員に追加でデプス・インタビューを行い、現在検討中の男性育休制度についての意見を聞くことにしました。インタビューの結果、彼らは育休取得者への代替要員の確保だけでなく、育休取得後のスムーズな職場復帰へのサポートを必要としていることがわかりました。人事チームはそうした声を参考にしながら、新制度の内容について改めて話し合いました。これが人事の受けたフィードバックと、それを踏まえた人事チーム内での「振り返り」です。

　こうした経験と振り返りを通じて、人事チームは、男性育休制度をより効果的に運用するためには、①育休取得者の業務を一時的に引き継ぐ体制の整備、②育休期間中の職場との連絡体制の確保、③復帰後のキャリアサポートの強化が必要であるという「教訓（マイセオリー）」を学びました。B社人事は、この学びを活かして、男性育休制度だけでなく既存の女性育休制度の改定版を検討し、半年後には制度改定することを決めました。

　このように、新たな制度を企画し、現場の声と人事チーム内での振り返りを重ねて、学びを整理し、制度内容をブラッシュアップしていく。この一連の流れがB社人事の「経験学習」です。

3) 重要なのは「学習」ではなく「学習転移」

さて、改めて、ハイパフォーマー人事の学びの特徴について見ていきましょう。どのような学びの行動や習慣が「成長実感」を高めることにつながっているのかを分析してみました。

図表49に示すように、分析の結果、「学んだ知識は担当業務に積極的に活用している」「学んだ知識は同僚など他のメンバーに積極的に共有している」「最新の技術や知識を活用して、自分の仕事の質を高める」という3つの学びの行動・習慣を実行している人事パーソンほど、成長実感を得られていることが明らかになりました。

これらの3つの項目を端的に表現するならば、「活かす」「共に学ぶ」「最先端に触れる」ということになるでしょう。あまり耳なじみがないかもしれませんが、まさしく**「学習転移（学んだことを現場で実践すること）」**という言葉を当てはめることができます。

図表49 人事パーソンの成長に重要なのは「学習転移」

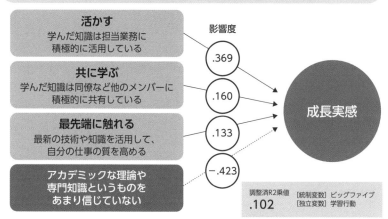

「成長実感」を従属変数、
「学習行動」を独立変数とした重回帰分析の結果

活かす
学んだ知識は担当業務に
積極的に活用している

影響度
.369

共に学ぶ
学んだ知識は同僚など他のメンバーに
積極的に共有している

.160

成長実感

最先端に触れる
最新の技術や知識を活用して、
自分の仕事の質を高める

.133

アカデミックな理論や
専門知識というものを
あまり信じていない

−.423

調整済R2乗値
.102

[統制変数] ビッグファイブ
[独立変数] 学習行動

出所：田中聡・中原淳・日本の人事部（2022）人事パーソン全国実態調査

知識やスキルを学ぶだけでは成長実感を得られません。学んだ知識やスキルを、自身の仕事や職場に還元してこそ、成長実感が高まるのです。人事パーソンとして成長するためには、学んだだけで満足してしまってはいけません。

　また、この分析では、「アカデミックな理論や専門知識というものをあまり信じていない」という人事パーソンほど、成長実感が得られていないことも示されています。学びの基本は「経験学習」と述べてきましたが、経験からしか学ばないという極端な経験主義に陥るのは考えものです。

　社会心理学者クルト・レヴィンによる「よき理論ほど実用的なものはない」（there is nothing so practical as a good theory）という言葉[31]に示されているように、理論や専門知識を参考にすることで課題解決の近道になることも多々あります。次項では、理論や専門知識を得るための「職場外での学び」を見ていきます。

4）人事パーソンの「職場外での学び」

　繰り返しになりますが、人事パーソンの場合も、学びの基本は、職場における「経験学習」です。しかし、次から次へと出てくる人と組織の課題に対応するには、既存の知識やスキルだけでは足りないこともあるかと思います。そんなとき、職場外で理論や専門知識、他社事例を学ぶことで糸口が見つかることも少なくありません。ここからは、人事パーソンの「職場外での学び」について見ていきたいと思います。

　さて、筆者の経験としても、企業の経営者や現場の事業部門の責任者などから「うちの会社の人事パーソンはもっと学んだほうがいい」という声を耳にすることが少なくありません。いわゆる「人事パーソンの学

31）クルト・レヴィン（著）猪股佐登留（訳）（2017）『社会科学における場の理論』ちとせプレス.

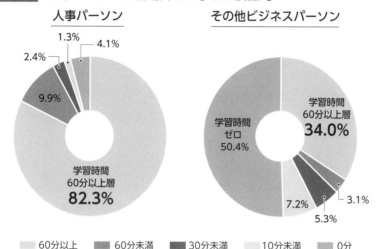

図表50 人事パーソンは職場外での学びに積極的

人事パーソン

その他ビジネスパーソン

1.3%　4.1%

2.4%

9.9%

学習時間
60分以上層
82.3%

学習時間
60分以上層
34.0%

学習時間
ゼロ
50.4%

7.2%

5.3%

3.1%

▨ 60分以上　■ 60分未満　■ 30分未満　▨ 10分未満　▨ 0分

出所：田中聡・中原淳・日本の人事部（2022）人事パーソン全国実態調査・一般ビジネスパーソン調査

びが足りない説」です。では、実際はどうなのでしょうか？

　私たちの調査で「仕事以外での学習時間」を尋ねたところ、図表50に示すように、**人事パーソンの82％が、週平均で60分以上学んでいる、**ということが明らかになりました。

　人事以外のビジネスパーソンにも同様の調査をしたところ、週平均の学習時間が60分以上と答えたのは34％で、人事パーソンとは大きな開きがありました。また、人事以外のビジネスパーソンの半数は「学習時間がゼロ」という、ややショッキングな数値も明らかになりました。

　ちなみに、総務省「社会生活基本調査」では、一般ビジネスパーソンの学習時間は1日6分ということです。いずれにしても、**人事パーソンは、平均値よりはるかに学習時間が多い、と言えます。「人事パーソンの学びが足りない説」はどうやら正しくないようです。**

　このように、人事パーソンは、他職種に比べても、職場外での学びに積極的なことがわかりました。では、職場外での学びとしては、具体的

にどのような学び方があるのでしょうか。本書では、①本・論文を読む、②情報収集する、③テクノロジーを活用する、④人とつながる、⑤学校に行く、の5つの学び方を紹介します。適宜、人事パーソン・インタビューも引用しますので、ぜひ読者の皆さんが学ぶ際の参考になさってください。

①本・論文を読む

　何か新しいことを学びたいと思ったとき、最も基本的で、手軽な学びといえば「本」を読むことではないでしょうか。入門書から専門書まで幅広く、自身の好みやレベルに合わせて学ぶことができます。少しハードルは高いかもしれませんが、最新のアカデミックな知見などを参考にしたい場合は、「論文」を読むこともおすすめです。

　本からの学びについて、ジャパネットホールディングスの田中久美さんは、次のように述べています（p116‐117参照）。

> 　新しいジャンルの業務に向き合う時の勉強の仕方も髙田（株式会社ジャパネットホールディングス　代表取締役社長　兼CEO　髙田旭人氏）に教わったのですが、例えば、**コールセンターを担当することになったらコールセンターに関する本を10冊読む、インターネットを担当することになったらECサイトに関する本を10冊読む**、というものです。（中略）
>
> 　私自身も、インターネット事業に異動になったとき、販売系に行くのが初めてだったので、**関連しそうな書籍を片っ端から買って読み、メンバーと会話できるぐらいのベースをつくりました。**2016年に採用担当になったときも、採用の良書と言われる本をひたすら読んで、採用のセミナーにも参加しました。

　田中さんは、新たな事業を手がけることになったときには、まず**「本**

を10冊読む」ということを実践されています。**関連書籍を10冊読めば、その領域において必要となる知識の「地図」のようなものが、頭の中に生まれてきます。また、何が定説で、何が俗説なのかもわかります。**

　もしかすると、10冊も本を読むことに対して「抵抗感」を感じる方もいらっしゃるかもしれません。ポイントは「最後まできちんと読まないとダメ」という意識をなくす、ということです。学校の勉強・試験ではないのですから、不要なところは読み飛ばしてもいいですし、合わないと思ったら途中で読むのを止めてもいいのです。

　本に対する姿勢・考え方について、カインズの清水宏紀さんは、次のように述べています（p168参照）。

> **Q** 書籍は「100％当たり」ということはないと思いますが、
> 　清水さんとしては何％ぐらい当たったらOKだと思いますか？
> 　*30〜40％だと思います。***今の自分にマッチしないと考えて、途中で読むのをやめることもよくあります。***ただ、何年かして、ふと手に取ってみたらちょうどよかった、ということもあるので、書籍を寝かせておくのもよいと思います。*

　一度手にした本は「最後まで読み切らなければならない」という義務感を抱きがちな人も少なくないでしょう。しかし、決してそんなことはありません。「手にした本の30〜40％が当たりだったらOK」という清水さんのスタンスにもあるように、もっと気楽に「合わなければやめればいい」といった気持ちで向き合うのがおすすめです。

　章末のコラム（p159）では、人事が身につける3つの専門性「①経営・事業の理解」「②組織・人の理解」「③社会・法の理解」に関する参考文献も紹介しています。ぜひ気軽な気持ちで手に取っていただければと思います。

②情報収集をする

　人事の領域は、社外ネットワークが活発で、日常的にさまざまなカンファレンスやセミナーが開催されたり、会社をまたいだ勉強会や読書会が行われたりするなど、情報収集の機会が山ほどあります。

　図表51に示したのは、『日本の人事部』が主催する「HRカンファレンス」の講座数の推移です。横ばいの時期もありますが、右肩上がりで増加していることがわかります。特にコロナ禍を受けて一段と増えており、2013年と2023年を比べると、3倍以上もの差になっています。

　こうしたカンファレンスに参加することで、人や組織に関する最先端のテーマや先進的な他社事例について学ぶことができます。また、イベントに参加せずとも、ニュースサイトや動画サイト、SNS、ブログなど、さまざまな情報源を活用することができる時代です。その気になれば、情報収集に事欠くことはありません。

　メルカリでデータ・ドリブンな人事の仕組みを構築している岩田翔平

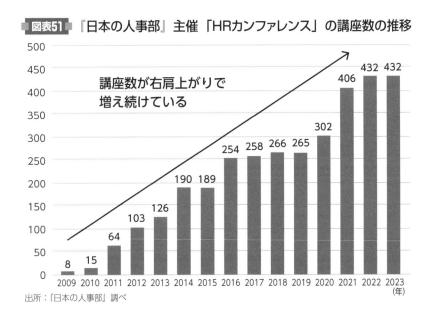

図表51 『日本の人事部』主催「HRカンファレンス」の講座数の推移

講座数が右肩上がりで
増え続けている

出所：『日本の人事部』調べ
(年)

さんは、会社としての新しい取り組みを始めるにあたって、さまざまな情報源を活用されています（p175－176参照）。

　他社の事例を調べる、本を読む、勉強会に参加する、といったことはすべてやったかな、という感覚があります。会社にとって、ひいては業界にとって、新しい取り組みをしていると感じていたので、あらゆるインプットをしながら、「この取り組みによって、こういうゴールを目指したい」と、社内に向けて言語化をしていました。地図をつくっているかのような感覚がありましたね。（中略）
　まず海外事例はすごく調べました。データドリブンは海外のほうが日本よりも進んでいたので、有名なHR分野の方々のブログを読んだり、動画を見てそれを資料にまとめたりしました。
　また、私自身がプロダクト出身なので、プロダクトのデータアナリストのブログなどを読んで、人事にどう活かせるかを考え、転用してみることをすごく意識してやっていました。

　データ活用やDX推進といった最先端のトレンドは、参考図書や国内事例にヒントを探すのが難しいものです。その場合には、岩田さんが実践されているように、海外のHRエキスパートのブログ記事や動画を参照するという学び方も効果的です。一見ハードルが高いように感じますが、最近では翻訳ツールや生成系AIも加速度的に進化しており、ほとんど言語の壁を感じることなく海外の情報にアクセスできます。ぜひお試しください。
　また、SNS等を活用した情報収集について、ユニリーバ・ジャパン・ホールディングスのバスマジェ詩織さんは、次のように述べています（p237参照）。

　通勤しながら、ヤフーニュースやX（旧Twitter）のトレンドを一

通り見ます。TikTokも海外のニュース番組のダイジェストがあり、15秒や30秒でニュースを把握できるのがありがたくて、よく活用しています。若者の動向などを検索していくと、海外のHRトレンドや雇用の話などを、個人が上げたりしています。そういう情報も結構見ていますね。

　繰り返しになりますが、人事の領域は、その他の職種に比べて、情報収集（インプット）のための機会が豊富です。特にコロナ禍以降、オンラインセミナーやオンデマンド配信などが活発化し、いつでも、どこにいても、学べる環境が整ってきています。このような恵まれた環境を、ぜひ積極的に活用してください。

③テクノロジーを活用する

　近年、ChatGPTに代表される生成系AIが急速に発展し、ビジネス場面での活用も進んでいます。もちろん、まだまだ発展途上で、その正確性には難がありますし、各社の文化や文脈に合わせた課題解決などを提示してくれるわけでもありません。しかしながら、使いどころや使い方を工夫すれば、人事の仕事においても非常に役立ちます。

　例えば、管理職向けのコーチング研修を企画するとき、「管理職向けのコーチング研修に関して、適切な目的・ゴールと、必要な学習テーマを挙げてください」などと指示すると、一般的なコーチング研修の内容を押さえた回答をしてくれます。当然ながら、そのまま適用することはできませんが、それを叩き台にして、自社の課題や状況に合わせてカスタマイズしていけば、ゼロから考えるよりもぐっと負担は減ります。

　カインズの清水宏紀さんは、次のように述べています（p169参照）。

　*新しい学習法に積極的に取り組むことも面白いと思っているので、ChatGPTのようなAIツールなど、**何でもまず試してみるように心が***

けています。

　最先端の学びやテクノロジーに触れておくのは、日々新たな課題解決に取り組んでいかなければならない人事パーソンにとっては、必須の要件ではないでしょうか。

　新しい技術やツールに対してはあまり構えたりせず、気軽に「まずは試してみる」「とりあえず使ってみる」というスタンスでいることをおすすめします。先ほどの読書と同様に「自分には合わない」「自分の業務には役立ちそうにない」ときにはやめればよいのであって、試すことで損をすることはありません。

④人とつながる

　人事の領域では、企業をまたいでの交流や情報交換が盛んに行われています。競合企業であっても、むしろ、同じ事業や似通った組織構造であるからこそ、人や組織の課題やその解決のための制度や施策を積極的に共有し、意見交換をしているイメージもあります。

　そうした他社の人事パーソンのほか、人材開発・組織開発の専門家やコンサルタントとつながることで、さまざまな知見や事例を学ぶことができますし、悩みを共有できる仲間をつくることもできます。

　社外の人とつながることについて、カインズの清水宏紀さんは、次のように述べています（p166・169参照）。

　　積極的に人に会うようにしています。**社外のコミュニティイベントに参加したり、そこを通じて個別にコンタクトしたり。**月に5回程度は会食や勉強会に参加しています。（中略）

　　これまで人に恵まれてきたと思っているので、人と会い、勉強会などで学習することは自分にフィットしているのだと思います。ご縁がつながって、その後改めて個別にお話を聞かせていただくことも少な

くありません。

　社外の人と定期的に情報交換することで、自社ではまだ経験していない課題やその解決法を前もって学ぶことができます。もちろん、人とのつながりは必ずしも社外に限定されるものではありません。実際、人事は自社内の課題を解決しなければならないため、当然ながら、経営層や現場の責任者との関係性が重要です。第1章でも「社内VoCの活用」に触れましたが、各組織の管理職やメンバーの声を聞く機会を持つことで、よりよい制度や施策を実行できるはずです。

　三井住友銀行の北山剛さんは、社内のつながりについて、次のように述べています（p107・111参照）。

> 　一次情報に触れるという観点で、従業員や経営層、あるいはお客さまである企業の方や外部の企業の人事の方の声を直接聞きにいき、それを自分なりの尺度でどう捉えるか、ということを意識しています。
> *（中略）*
> 　常に、いろいろな意見をいただけるのでありがたい、影響を与えてもらっている、という気持ちでいたほうがいいですね。そういった観点では、SMBCの人事の仕事に求められる専門性は、常にオープンマインドであることかもしれません。そうでないと、人事が自分たちから変わっていくことはできないと思います。

　北山さんの語りにもあるように、人事パーソンの学びにおいて「一次情報」に触れることはとても重要です。さまざまな立場の人から直接、人事の仕事に対する意見を聞くことにハードルの高さを感じる人もいるでしょう。批判的な意見や耳の痛いフィードバックを受けることもあるためです。

　しかし、外部から自分たちを眺める視点を持たず、コンフォートゾー

ン（Comfort Zone：居心地のよい環境）に居続けていては必ず人事パーソンとしての成長は止まります。北山さんが述べている「オープンマインド」の姿勢で、社内の経営層や現場の従業員、社外の人事パーソンや専門家といった、多種多様な人とつながることで、さまざまな学びや気づきが得られます。

⑤学校に行く

　人材開発・組織開発を専門的に学んだり、経営や事業に関する知識を身につけたりするためには、社会人大学院などに通うといった選択肢もあります。働きながら学校に通うのはハードルが高い部分もあるかもしれませんが、昨今、ビジネスパーソンが通いやすいカリキュラムを組んでいる教育機関も増えつつあります。

　ジャパネットホールディングスの田中久美さんは、2022年からグロービス経営大学院に通っており、次のように述べています（p117参照）。

　　2022年から、グロービス経営大学院に通っています。苦手だった経営数字を学ぶためです。

　　事業に関する経営層の意思決定についてはわかっているつもりですが、お金にまつわることは理解できていないと感じていました。同じ目線で会話ができていない、という課題を感じていたのです。

　　アカウンティングやファイナンスを学び始めると、社長や役員と話しているときに見えてくるものが違うと感じます。それは人事についても同様で、今後事業構造が変わっていくときに、どんな資源を入れたらいいのかという思考が役立つだろう、と感じています。

　田中さんのように、経営実務全般について大学院で学ぶというのは、ハイパフォーマー人事のワンランク上の学びとも言えるかもしれません。人事パーソンの学びは人と組織に限定されるわけではなく、経営に資す

るためには、領域を超えたビジネスの学びも大事です。人事の仕事が経営課題解決型へとシフトする中、より経営実務に関連した学びが、近い将来、人と組織に還元される可能性は高いと考えられます。

　人事パーソンは、人と組織の課題解決に直結する知識やスキルだけを学べばいいわけではありません。個々の人間と、その集団である組織に関する根源的な理論——例えば、人はそもそも何を欲するものなのか、個人が集まり集団を形成すると、いかなる力学が発生しうるのか——を得るためには、哲学、心理学、精神分析学など、初歩だけでも学んでおいたほうがいい学問はたくさんあります。

　目の前の特定の課題を解決するため、すぐに効果がありそうな学びだけに終始していると、延々と「モグラ叩き」を続けることにもなりかねません。人と組織、経営、その周辺領域を体系的に学ぶために、あえてビジネスの現場から離れて、学校に通うというのも、有力な選択肢ではないでしょうか。

　以上、人事パーソンの職場外での学び方として、「①本・論文を読む」「②情報収集する」「③テクノロジーを活用する」「④人とつながる」「⑤学校に行く」の5つを紹介しました。途中で、適宜、人事パーソン・インタビューの内容を取り上げましたが、各章末にはより詳細なインタビューの記録を掲載しています。ぜひそちらもご覧ください。

　最後に、「大人の学び」は、「①学ぶ内容（what）」「②学び方（how）」「③誰と学ぶか＋④誰から学ぶか（with whom＋from whom）」を自ら決めることができるのが特徴です。

　子ども時代や青年期の学びは、これらを大人ほど「自由」に決められるわけではありません。学習指導要領やシラバス、時間割などがあらかじめ決められていて、同年代が集められた教室の中で、教師から学ぶというのが一般的です。一方、大人の学びは「自由」なのです。

図表52 大人の学びは「自由」

	子ども・青年期の学び	大人の学び
①学ぶ内容 (what)	学習指導要領やシラバスで学ぶ内容が決められている	**自由！** 自らの意思でデザインすることができる
②学び方 (how)	時間割や課題が与えられる	
③誰と学ぶか (with whom)	同年代が教室に集められる	
④誰から学ぶか (from whom)	教師から学ぶ	

　ぜひ読者の皆さん、お一人おひとりが、自らの学びについて振り返り、「①学ぶ内容（what）」「②学び方（how）」「③誰と学ぶか＋④誰から学ぶか（with whom＋from whom）」を自由にデザインしていただくことを願っています。

人事パーソンの学び
チェックシート

　第2章では、ハイパフォーマー人事の「学び」を参考にしながら、人事パーソンとして成長し、人と組織の課題解決に貢献するためには、何をどのように学んでいく必要があるのかを論じました。

　さて、読者の皆さんはそうした学びをどれだけ実践できているでしょうか？　最後にチェックシートをご用意しましたので、ご自身の学びについて振り返ってみましょう。また、マネジメント層の皆さんは、ご自身の組織や職場において、こうした学びの環境や風土をつくれているかについても考えてみてください。

　最後に、チェックシートに回答するだけでは意味がありません。振り返りを踏まえて「今後、何をどのように学んでいくのか？」について、具体的なアクションプランを立ててみましょう。そして、ぜひ本日から、それを実行に移してみてください。

快晴：とても当てはまる　晴れ：やや当てはまる　曇り：あまり当てはまらない　雨：まったく当てはまらない

		☀	⛅	☁	☂
職場内での学び	今の自分では少し難しいと感じるレベルの仕事に挑戦している				
	自分の仕事のよかった点や改善点を日常的に振り返っている				
	仕事で得た学びや気づきを次の仕事で活かすようにしている				
	上司や同僚に自分からフィードバックを求めにいくようにしている				
	上司やメンターと定期的なミーティング（1on1）を実施している				
職場外での学び	自分の仕事と関わりのある領域の本や論文を読んでいる				
	最新テーマや他社事例を学べるセミナー・イベントに参加している				
	ニュースや動画サイト、SNSなどを仕事の情報収集に活用している				
	新しいテクノロジーやツールはひとまず試すようにしている				
	経営層の方針や考え、現場の従業員の声を聞く機会をつくっている				
	事業部門に足を運び、自社の事業課題を学ぶようにしている				
	社外の人事パーソンや専門家との交流や情報交換を定期的に行っている				
	職場外で学んだ内容を担当業務に積極的に活かしている				
	職場外で学んだ内容を職場のメンバーに積極的に共有している				
	仕事について相談できるメンターが社外にいる				

Column

人事の専門性を学ぶためのブックガイド

　第2章では、人事パーソンが仕事を通じて身につけることができる専門性として、大きく「①経営・事業の理解」「②組織・人の理解」「③社会・法の理解」の3つを取り上げました。本文で述べたとおり、これらの専門性は、どんな会社や組織にも応用できる「汎用的」なものではありません。また、一度学べば色褪せない「不変的」なものでもありませんし、「職場の外だけで学べる」わけでもありません。

　しかし、だからといって、専門性を学ばなくていい、ということにはなりません。知識や理論を身につけるだけで人と組織の課題が解決するわけではありませんが、一方で、何の知識や理論もなく「徒手空拳」で立ち向かっても、効果的・効率的な課題解決はできません。

　まずは先人が積み上げてきた実践や理論から学ぶこと、すなわち「巨人の肩に乗る」ことが重要です。そのうえで、自社や自組織に合わせてカスタマイズを行い、経験学習サイクルを回しながら常にアップデートしていくことで、経営・現場にインパクトをもたらすことができるでしょう。

　このコラムでは、「①経営・事業」「②組織・人」「③社会・法」のそれぞれに関して、読者の皆さんにお読みいただきたい書籍を紹介していきます。「学ぶ意欲はあるけれど、何から手をつけたらいいのかわからない……」という方は、ぜひ参考にしてみてください。

◆「経営・事業」編
①『実戦のための経営戦略論』
　三品和広（2024）東洋経済新報社
②『世界標準の経営理論』
　入山章栄（2019）ダイヤモンド社

Column

③『経営戦略原論』

　琴坂将広（2018）東洋経済新報社

④『経営戦略の論理 第4版：ダイナミック適合と不均衡ダイナミズム』

　伊丹敬之（2012）日経BPマーケティング

⑤『関与と越境：日本企業再生の論理』

　軽部大（2017）有斐閣

⑥『全社戦略：グループ経営の理論と実践』

　ウルリッヒ・ピドゥン（著）松田千恵子（訳）（2022）ダイヤモンド社

⑦『コンテクスト・マネジメント：個を活かし、経営の質を高める』

　野田智義（2023）光文社

⑧『良い戦略、悪い戦略』

　リチャード・P・ルメルト（著）村井章子（訳）（2012）日経BPマーケ
　ティング

⑨『両利きの経営』

　チャールズ・A・オライリー、マイケル・L・タッシュマン（著）
　入山章栄（監訳・解説）冨山和彦（解説）渡部典子（訳）（2019）東洋経
　済新報社

⑩『コーポレート・トランスフォーメーション：日本の会社をつくり変
　える』

　冨山和彦（2020）文藝春秋

⑪『ストーリーとしての競争戦略：優れた戦略の条件』

　楠木建（2010）東洋経済新報社

⑫『ワイズカンパニー：知識創造から知識実践への新しいモデル』

　野中郁次郎・竹内弘高（著）黒輪篤嗣（訳）（2020）東洋経済新報社

⑬『理念経営2.0：会社の「理想と戦略」をつなぐ7つのステップ』

　佐宗邦威（2023）ダイヤモンド社

◆「組織・人」編

①『はじめての経営組織論』

　高尾義明（2019）有斐閣

②『組織デザイン』

　沼上幹（2004）日経BPマーケティング

③『【新版】組織行動のマネジメント：入門から実践へ』

　スティーブン・P・ロビンス(著) 髙木晴夫(訳)（2009）ダイヤモンド社

④『組織行動論の考え方・使い方〔第2判〕：良質のエビデンスを手にするために』

　服部泰宏（2023）有斐閣

⑤『人事管理：人と企業，ともに活きるために』

　平野光俊・江夏幾多郎（2018）有斐閣

⑥『日本企業のタレントマネジメント』

　石山恒貴（2020）中央経済社

⑦『人材開発研究大全』

　中原淳（2017）東京大学出版会

⑧『経験からの学習：プロフェッショナルへの成長プロセス』

　松尾睦（2006）同文舘出版

⑨『仕事のアンラーニング：働き方を学びほぐす』

　松尾睦（2021）同文舘出版

⑩『組織開発の探究：理論に学び、実践に活かす』

　中原淳・中村和彦（2018）ダイヤモンド社

⑪『入門 組織開発：活き活きと働ける職場をつくる』

　中村和彦（2015）光文社

⑫『研修開発入門：会社で「教える」、競争優位を「つくる」』

　中原淳（2014）ダイヤモンド社

⑬『これからのリーダーシップ：基本・最新理論から実践事例まで』

　堀尾志保・舘野泰一（2020）日本能率協会マネジメントセンター

Column

⑭『リーダーシップの理論』

　石川淳（2022）中央経済社

⑮『働くひとのためのキャリア・デザイン』

　金井壽宏（2002）PHP研究所

⑯『新版 キャリアの心理学【第2版】：キャリア支援への発達的アプローチ』

　渡辺三枝子（2018）ナカニシヤ出版

⑰『採用学』

　服部泰宏（2016）新潮社

⑱『経営理念の浸透：アイデンティティ・プロセスからの実証分析』

　高尾義明・王英燕（2012）有斐閣

⑲『ジョブ・クラフティング：仕事の自律的再創造に向けた理論的・実践的アプローチ』

　高尾義明・森永雄太（2023）白桃書房

⑳『フィードバック入門：耳の痛いことを伝えて部下と職場を立て直す技術』

　中原淳（2017）PHP研究所

㉑『ヤフーの1on1：部下を成長させるコミュニケーションの技法』

　本間浩輔（2017）ダイヤモンド社

㉒『越境学習入門：組織を強くする「冒険人材」の育て方』

　石山恒貴・伊達洋駆（2022）日本能率協会マネジメントセンター

㉓『管理職の役割【シリーズ ダイバーシティ経営】』

　坂爪洋美・高村静（2020）中央経済社

㉔『恐れのない組織：「心理的安全性」が学習・イノベーション・成長をもたらす』

　エイミー・C・エドモンドソン（著）野津智子（訳）村瀬俊朗（解説）
　（2021）英治出版

㉕『経営人材育成論：新規事業創出からミドルマネジャーはいかに学ぶ
か』

田中聡（2021）東京大学出版会

㉖『中小企業の人材開発』

中原淳・保田江美（2021）東京大学出版会

㉗『日本の人事を科学する：因果推論に基づくデータ活用』

大湾秀雄（2017）日経BPマーケティング

◆「社会・法」編

①『人事と法の対話：新たな融合を目指して』

守島基博・大内伸哉（2013）有斐閣

②『労働法〔第10版〕』

水町勇一郎（2024）有斐閣

③『経営リーダーのための社会システム論：構造的問題と僕らの未来』

宮台真司・野田智義（2022）光文社

④『ジョブ型雇用社会とは何か：正社員体制の矛盾と転機』

濱口桂一郎（2021）岩波書店

⑤『経営者が知っておくべき ジョブ型雇用のすべて』

白井正人（2021）ダイヤモンド社

⑥『日本社会のしくみ：雇用・教育・福祉の歴史社会学』

小熊英二（2019）講談社

⑦『LIFE SHIFT：100年時代の人生戦略』

リンダ・グラットン、アンドリュー・スコット（著）池村千秋（訳）
（2016）東洋経済新報社

⑧『「働き手不足1100万人」の衝撃』

古屋星斗・リクルートワークス研究所（2024）プレジデント社

Interview

人事という役割にこだわらない。
人事だけで完結する仕事は当然ないので、
事業成果にコミットすることを意識する。

株式会社カインズ 人事戦略室 兼 人財採用室 室長
※2023年8月時点

清水 宏紀さん

大学卒業後、人材分野からキャリアをスタート。人材系ベンチャーにて、中途紹介事業部門責任者を経験。その後、化学メーカーにて人事としてグローバル採用、海外販社・工場の立ち上げ支援などに従事。前職であるサイバーエージェントグループでは事業部人事として子会社の採用・人事全般に幅広く携わる。その後、配信プラットフォーム事業の立ち上げに参画し、グループマネージャーとして多岐にわたるプロジェクトを担当。2021年11月より現職。

Q これまでのキャリアを振り返っていただけますか？

2008年に新卒で人材系ベンチャーに営業として入社しました。その後、クライアントだった化学メーカーの代表に声をかけていただき、人事のキャリアをスタート。前職では人事と事業の両方を経験し、2021年にカインズに入社しました。

現在（2023年）は人事企画などを横断で担当する人事戦略室と、採用責任者として人財採用室の室長を兼務しています。

Q 一貫して人事領域でキャリアを積まれてきたのですか？

いえ、ずっと人事を担当してきたわけではありません。事業経験のほ

うがやや長くて8年半ぐらい、人事が7年ぐらいです。

　新卒で入社してちょうど半年後にリーマンショックが起き、業界全体が厳しい状況にあった中で、まだ世の中に終身雇用がスタンダードな時代に「会社は自分を守ってくれるものではない」と感じさせてもらえたことが原体験として大きかったと思います。

　人事と事業の両方を経験することで、戦略の立案だけではなく、実行面で手足を動かしコミットしてきたところが特徴ではないかと思っています。

Q　今チャレンジされているのは、どんなことでしょうか？

　前職では、最後の6年ほどは事業部門にいました。人事の仕事にはブランクがあったわけですが、ご縁があってカインズに移り、新人事戦略である「DIY HR®」の推進および社内外への浸透にアサインされたのは大きなチャレンジだったと思います。

　現在のチャレンジは、当時CHROだった恩師である西田さん（現 ジャパン・アクティベーション・キャピタル株式会社 Chief HR Officer 西田政之氏）が2023年6月末に退任後もDIY HR®の運用定着および進化をリードすることです。

　2年前に着手したDIY HR®は、まだまだ道半ばです。短期間にたくさんの施策を実行してきましたが、人事として正しいことをやってきたことは間違いないと感じており、社内にも「自分のキャリアは自分たちでつくっていくのだ」という風土醸成は進みました。

　一方で、現場の社員の皆さんには日々の負荷が大きかったと思いますし、事業環境は日々変化する中で事業成果とメンバーの成長にバランスよくコミットできていたかは課題が残ると思います。中長期でのDIY HR®を目指す姿に変更はありませんが、施策の優先順位や進め方についてチューニングし、さらによくしていきたいと考えています。

Q そのために、どのような考え方や姿勢を重視されていますか？

　人事だけで完結する仕事は当然ないので、事業成果にコミットしていくことを改めて意識しています。人事施策を具体的にどこに効かせていくのか、というところまでコミットし、適切なフィードバックを現場から受けて、ちゃんとチューニングできているのかを把握していきたいですね。

　施策を入れて終わりではなく、フィードバックを受けてアジャストするという改善サイクルを回し、成果創出につながっているかどうかをしっかりと見ていかなければならないと思います。

Q 新しいチャレンジをするに当たっては、学び直しも必要だと思います。どのように学ばれていますか？

　積極的に人に会うようにしています。社外のコミュニティイベントに参加したり、それらを通じて個別にコンタクトしたり。月に5回程度は会食や勉強会に参加しています。

　あとは書籍に頼っています。課題にぶつかったら読む、ということではなく、日常的に『ハーバード・ビジネス・レビュー』や先端研究などで情報収集をしています。また、SNSから流れてくる信頼できる方たちのレビューを参考に書籍の購入や動画の視聴など、常にインプットは心掛けています。

Q 会食や勉強会では、やはり人事の方と会うことが中心なのでしょうか？

　人事の方だけではないですね。ただし、意識して人選しているわけでもありません。先ほどもお話ししたとおり、私のキャリアは事業と人事が半分ずつぐらいです。人事から離れて現場に行ったとき、人事の仕事を振り返って、芯を食っていなかったかもしれない、と反省したことが

ありました。20代後半頃のことです。

　そのときから、「自分は人事にこだわっているわけではない」と考えています。キャリアの根本には「人」があるのですが、人事という仕事は一つの役割であり、手段の一つでしかありません。

Q 自分の中に解決策がないとき、清水さんはどのように解決していますか？

　前提として解決策がない、新しいことばかりです。解決しなければいけない本質的な課題を整理して、ゴール設定と仮説について内省しています。以前は、すぐに人に聞いてしまったり、書籍に頼ったりすることもあったのですが、そのうち手段が目的化するようになったり、本来解決すべきゴール設定を見誤ることもあったように思います。

　そこで、自分の頭で考えることをファーストアクションに置き、できるだけクイックに叩き台をつくって、経営陣や必要なメンバーとすり合わせることを、意識的に行っています。

Q 手段が目的化する、というのは「インプットのためのインプット」になった、ということですか？

　そうです。インプットしても実務上の課題は何も解決されない、学びと実際の現場での課題解決がずれる、ということです。今でも油断すると、そうなっていることがあります。それを克服するために貪欲に吸収する、ということが根底にあるのだと思います。

Q 学習行動を周りに勧めるような機会はありますか？

　社内勉強会を実施したりしています。テーマは私が設定する場合もあれば、メンバーが設定する場合もあります。例えば私が自分のマネジメントしているチームとの勉強会を設定する場合、「意識してもらいたい」と思う課題でも、チームの課題として意識させるのではなく、一般論と

して話したうえで、ディスカッションすることもあります。

　最近でいうと、リーダーシップの勉強会が盛り上がりました。大それたものではなく、いわゆるオーセンティック・リーダーシップについて、自分なりの納得感をどうつくっていくかを、みんなで議論しました。また、直近で私自身が大事なテーマだと考えているのが「言語化」なので、それをシェアしたりしています。

　また、私は自分のメンターや尊敬する方が読んでいる書籍を頻繁に手に取るようにしているのですが、その中で自分がよいと思ったものをSNSやメール、チャットなどを使っておすすめしたりしています。

Q 書籍は「100％当たり」ということはないと思いますが、清水さんとしては何％ぐらい当たったらOKだと思いますか？

　30〜40％だと思います。今の自分にマッチしないと考えて、途中で読むのをやめることもよくあります。ただ、何年かして、ふと手に取ってみたらちょうどよかった、ということもあるので、書籍を寝かせておくのもよいと思います。

Q 先ほど言われた「言語化」というテーマは、日常の課題から出てきたキーワードなのでしょうか？

　はい。直近参加した八木洋介さん（株式会社people first 代表取締役）のリーダーシップの講義の中で、自分がいかに言語化できていなのかを思い知らされたのです。それまで疑問を持つことはなかったのですが、目標を明確に言語化できていないと成果も曖昧になってしまう、ということが大きな学びとしてありました。

Q 新しい人事課題に対応しながら、どのように学ぶことがご自身にフィットするとお考えですか？

　先ほどもお話ししたように、人事という役割にこだわらない、という

ことでしょうか。事業の成果と個人の成果（成長）というところに、いかにコミットできるのかだと考えています。

　これまで人に恵まれてきたと思っているので、人と会い、勉強会などで学習することは自分にフィットしているのだと思います。ご縁がつながって、その後改めて個別にお話を聞かせていただくことも少なくありません。

　加えて、新しい学習法に積極的に取り組むことも面白いと思っているので、ChatGPTのようなAIツールなど、何でもまず試してみるように心がけています。

Q 人事の皆さんが、事業や経営のことを学ぼうと思ったとき、どういう学びがありうるのでしょうか？

　私自身まだまだなので生意気なことは言えませんが、経営はどこか遠い世界のものだと考えていると、おそらくずっと学ばないと思います。私はキャリアのスタートから、事業責任者にチャレンジしたいと考えていました。日々の業務の中で、もし自身が事業や経営の責任者であったらと考え、行動することを意識しています。そのうえで、不足点や課題についてはアンテナを立てて、人に会いにいったり、書籍を読んだりしています。

Q この人の学び方はいいな、と思われることはありますか？　逆に、これはちょっと残念だ、というケースはありますか？

　ここまでお名前を挙げさせていただいた、私が尊敬している方々は、インプットとアウトプットをちゃんと繰り返されていて、本当に素晴らしいと思っています。バイタリティと行動力も見習いたいところですね。フットワークが軽く、いろいろな場に出ていかれるという共通点があります。

　逆に「もったいないな」と感じるのは、社費で勉強会に参加していて、

どこか「人事に行かされた」というところがある人でしょうか。「元を取らなければ」というハングリーさに欠けるように感じます。自腹でなければいけない、ということではありませんが、勉強会に参加する目的を自分なリに設定していないのは、時間の無駄になってしまうかもしれません。

田中聡・中原淳の注目ポイント

　まず注目したこととして、「**課題にぶつかったら本を読む**」「**積極的に人に会う**」「**ChatGPTなど新しいテクノロジーに触れてみる**」といった言葉から、フットワークの軽さを感じます。

　いちいち内容を精査して、何を学ぶかを決めようとすると、それだけで時間がかかりますし、インプットは増えません。「本は30〜40%ぐらい当たればいい」という言葉がありましたが、「**最初から確かな効果を求めすぎない**」というスタンスが表れていると思います。第2章でも述べたとおり、「合わなかったら、やめてもいい」という姿勢は私たちもおすすめするところです。

　また、こうした学びの行動に見られるように「**貪欲に吸収する**」姿勢が清水さんの特徴です。言い方を変えると「**知的に謙虚である**」ということかもしれません。人事と事業が半々というキャリアの中で、自らの人事としての仕事が「芯を食っていなかったかもしれない」という反省があったとも話しています。そうした経験も、現場での課題解決を意識しながら貪欲に学ぶという姿勢の根底にあるように感じました。

　第2章で述べましたが、教室で先生から学ぶしかない子どもと違い、**大人の学びは「①学ぶ内容（what）」「②学び方（how）」「③誰と学ぶか＋④誰から学ぶか（with whom＋from whom）」を自由にデザインできる**という特徴があります。社内でも社外でも構いませんが、自由に、ハードルを下げたところから始めればいいのです。

　清水さんは定期的に社内勉強会を実施されているそうですが、あまり肩肘を張らず、自由に学んでいる感じがします。インタビューでのお話にあったリーダーシップの勉強会は、自分たちが決めた学びだからこそ、自分たちに一番刺さって盛り上がったのでしょう。このように「**フットワークの軽いラーニング（フッ軽ラーニング）**」を続けていることが、清水さんの学び方の顕著な特徴なのではないかと思います。

Interview

経営陣であっても、人事領域における
あるべき状態の「言語化」は難しい。
だからこそ、そこに自分の役割と価値がある。

株式会社メルカリ People & Culture HR Manager
岩田 翔平さん

大学卒業後、エン・ジャパン株式会社へ入社。複数の転職サイトの
PM（プロダクトマネジャー）を経験後、2018年3月に株式会社メル
カリへ入社。HR Operations Managerとして、人事プロセスを構築す
るHR Information System、人事データ活用を推進するHR Data
Managementを統括。HRBP Managerを経験したのち、生成AIの活
用を推進するプロジェクトを担当。

Q これまでのキャリアを振り返っていただけますか？

　新卒でエン・ジャパンに入社してさまざまな職種を経験したのち、最
終的には転職サイトのプロダクトマネジャーを担当していました。人事
キャリアは、2018年にメルカリに転職してから、ということになりま
す。メルカリではプロダクトマネジャーを採用するリクルーティングチ
ームに入りました。当時は社内に人事システムの移行プロジェクトがあ
ったので、それも兼務しました。

　入社して半年ぐらいから採用領域を中心にデータ関連の業務に関わる
ようになり、本格的にプロジェクトを進めるようになったのは1年半後
ですね。もともと、データドリブンHRに取り組みたくて転職したので、
手を挙げてリードさせてもらうことになりました。

Q 今チャレンジされているのは、どんなことでしょうか？

　組織の中にデータドリブンなカルチャーをつくっていくことが一番の挑戦だと思っています。

　入社した当時は人事データがバラバラなところにあり、多くの所有者がいたので、データを集めてくるだけで一苦労でした。組織が急拡大していて、「感覚」や「勘」によってではなく、データをもとにした意思決定や納得感のある人事評価に変えていきたいがなかなか進まない、という状態でした。

　プロダクト開発を行っていると、データを見て意思決定をする、コミュニケーションするというのは当たり前のことですが、当時のHR領域ではまだデータの活用は進んでおらず、プロダクトのやり方を持ち込むことで一歩先の取り組みができるのではないか、という感覚がありました。その取り組みを進めることが私自身のチャレンジでしたし、今もさまざまなアプローチで続けていることです。

Q メルカリという企業は、データドリブンというところでは先進的なイメージがあります。

　当時は本当に未整備でしたね。HR領域でもデータドリブンに対する注目は高まっていましたが、実績が出ている企業は少なかったと思います。

　私は、創業5年目ぐらいのタイミングで入社したのですが、急速にいろいろな事業やプロジェクトが立ち上がり、組織の拡大とともにシステム導入を進めている状況でした。「社内のデータがスプレッドシートや独立したシステムにまとまっていて、どこにどんなデータがあるかわからなかった」といった話をすると、多くの企業の皆さんは「まさに今その状態です」と言われることが多いのですが、メルカリにもそういう時期があったのです。

Q データドリブンに関する過去の経験を、HRの領域に「掛け算」して取り組まれた、というイメージでしょうか？

　掛け算をすることで発揮できる価値がたくさんあるだろう、と考えて取り組んでいました。経験や勘だけでなく、データがあることによって、人は意思決定しやすくなる、ということです。

　人事の領域はデータが本当に少なく、中原淳先生もよくおっしゃっていますが、「KKD＝経験・勘・度胸」で判断することが多いと感じます。完璧ではないにしても、そこに少しのデータを添えてあげることによって、みんなの意思決定のしやすさや納得感を高めるのは、まさにわかりやすい効果だと思っています。

Q データドリブンな組織をつくっていくまでの過程で、経験された苦労やエピソードをお聞かせいただけますか？

　データを当たり前に活用できる状態をつくるまでは、いろいろなところからデータを取得してきたり、ある程度初期投資としてシステムを入れたり、また正しいデータが蓄積されるようオペレーション構築をしたりと、簡単には実現しません。

　苦労したのは、人事データはそもそも秘匿性が高いので、集めるのが難しかったことです。データを集約することに対して、みんながすぐにイエスと言ってくれるわけではありませんでした。振り返ってみると、データを一カ所に集めて意思決定をデータドリブンにしていくことを理解してもらうため、いろいろなコミュニケーションが必要でした。

　そして、何より大変だったのは、そのデータを使って、経営や組織が「データがあってよかった」と思う状態をとにかく早くつくらなければいけないことです。ともすると「なんでこんなことに工数をかけているんだっけ？」「プロセスが増えて面倒くさい」といったネガティブな反応が起きてしまうんですね。

データを活用できる環境をつくる過程も大変でしたが、経営や組織に
その意義やメリットを感じてもらうため、クイックヒットを早く出す、
ということを考えていました。

Q 最初のクイックヒットは、どういうものだったのでしょうか？

　当時、会社として「D&I」に取り組み始めたとき、最初に経営陣にイ
ンプットした内容が、男女の評価や報酬に関するデータでした。データ
で見ることによって格差や歪みがあることを認識することができ、今に
つながるKPIの設定や評価プロセスの改善に進んだことがあります。

　どんな形で貢献すると、経営にとって効果的だと思ってもらえるのか
を、頑張って探っていました。経営陣と会話をするときも、「経営から
見て、組織の中で解像度が上がっていなくて不安な部分はどこなのか」
「どのあたりに課題があるのか」ということをコミュニケーションしな
がら探り、どうサポートするといいのかを常に考えていました。

Q そのチャレンジのために、意識して取り組まれた
学びの行動はありますか？

　他社の事例を調べる、本を読む、勉強会に参加する、といったことは
すべてやったかな、という感覚があります。会社にとって、ひいては業
界にとって、新しい取り組みをしていると感じていたので、あらゆるイ
ンプットをしながら、「この取り組みによって、こういうゴールを目指
したい」と、社内に向けて言語化をしていました。地図をつくっている
かのような感覚がありましたね。

　その過程では、他社の事例を聞いたり、人事の領域に限らずデータ活
用の本をたくさん読んだりして、自社の進むべき道を形づくっていきま
した。人事データ活用に取り組んでいたGoogleの知り合いや、サイバ
ーエージェントの方など、いろいろな方にお話も聞かせていただきまし
た。

Q そのときに最も参考になったものは何でしたか？

　大きく2つあります。まず海外事例はすごく調べました。データドリブンは海外のほうが日本よりも進んでいたので、有名なHR分野の方々のブログを読んだり、動画を見てそれを資料にまとめたりしました。

　また、私自身がプロダクト出身なので、プロダクトのデータアナリストのブログなどを読んで、人事にどう活かせるかを考え、転用してみることをすごく意識してやっていました。

Q 事業に対する理解もとても重要だったと思いますが、
それに関するインプットで意識されていたことはありますか？

　データ活用そのものはHOWだと思っているので、経営戦略や人事戦略の本はかなりたくさん読みました。最初は手当たり次第に自分が関心あるキーワードの本を読んでいましたね。一定量を超えてくると、どういう著者の方がどういうタイトルで書いている書籍が自分に参考になるのかが、感覚的にわかってくるので、それからは本が選びやすくなりました。多分最初の2年で、200冊ぐらいは読んでいるのではないかと思います。

　また各事業に関する情報は、GMV（流通取引総額）やKPIといった定量情報だけでなく、各リーダーたちの考えを聞ける場には積極的に参加して定性情報も得るようにし、施策を考えるための材料にしていました。

Q 最近は「経営に資する人事」とよく言われますが、経営や事業を理解するために何をすればいいのかわからない、という若手もいると思います。岩田さんなら、どう答えますか？

　もともと人事の出身ではないということも影響していると思うのですが、これまで「人事は何のために必要なのか？」と考えることが多かったんですね。経営においての人事の役割や、本質的に人事がどんな価値

を発揮できるのかを知りたいために、多くの本を読み、さまざまな人に話を聞いてきたのかもしれません。まだそういった問いを持っていない若手の人がいたら、「経営のためにどんな貢献をしているか？」ということを自問自答してみるといいかもしれません。

　ずっと人事にいる方は、「なんで私が必要なんだろう？」という問いが生まれないかもしれません。でも、人事がいないとか、すごく少ない人数でも回る、という状態も不可能ではないと思っています。自分たちの役割をなくすこともできるかもしれない、と考えたとき、「一番エッセンシャルな役割と価値って何なんだろう？」と自分に問いかけてみると、シャープな答えになっていくんじゃないかな、と思います。

Q **この人の学び方や仕事の仕方がいいな、と思われる人はいますか？　逆に、ちょっと残念だな、と思われる人はいますか？**

　先進事例や原理原則を常に学び続けることが大事だと思っています。すでに答えが出ていることについて時間をかけて議論するのは、すごくもったいないことだと思います。

　予防医学・行動科学研究者の石川善樹先生が、「調べて解ける問いと、何か発想しないといけない問いがある」という話をされていますが、調べて解ける問いに対して発想で勝とうとするのは「無理ゲー」をしている感覚があるので、自分もそうならないように意識しています。

Q **データドリブンの組織をつくるというチャレンジを通じて、ご自身の中でどんな変化がありましたか？**

　繰り返しになりますが、やればやるほど、データ活用はHOWだと痛感しています。そのHOWをしっかりと使える土台はつくれても、よい問いがないとHOWはうまく機能しません。経営と人事がしっかりつながって、どの問いを解けばもっと事業や組織が成長するのか、という「問いの見定め」をすることがすごく大事だと改めて感じているところ

です。そうしたことを考えるようになったのは、クイックヒットがいく
つか打てた感覚はあったものの、そこから次のステップまでのハードル
がすごく高いと感じたからです。

　目の前に顕在化していた課題は結構解決できたんです。いろいろなデ
ータを使って可視化し、この辺からやろうと議論することはできます。
しかし、まだ誰も言語化できていなくて「あるべき状態を定義する」と
ころから入ろうとすると、まだ問いが設定できてないからデータを使う
フェーズに行けないし、行くべきではない。1年ぐらい経ってから、そ
んなことが起きました。

　経営陣であっても人事領域におけるあるべき状態の言語化は難しいこ
とがあります。だからこそ、そこに自分の役割と価値があるので、「経
営に資する、解くべき問いの設定」が次のチャレンジだと思っています。

田中聡・中原淳の注目ポイント

　まず、学びの量に圧倒されました。インタビューで「他社の事例を調べる、本を読む、勉強会に参加する、といったことはすべてやった」という言葉がありましたが、**「できる学びはすべてやり尽くす」** というパワーを感じます。2年間で200冊にも及ぶインプットというのは、誰もができることではありません。

　自分の頭で考える前に「これまで同じような課題を持っている会社があれば聞きにいく」「巨人の肩に乗る」。そうしたインプットに取り組んだうえで「自分で考える」といったステップを踏む **「学びの型」** ができているのかなと思います。**基礎的な知識があって、過去の先行事例を押さえておけば、人事制度にせよ、施策にせよ、派手にコケる（失敗する）ことはありません。** インプットで派手ゴケを避けたうえで、大成功を生むために「自分の頭で考える」ことが必要なのです。

　こうした学び方の背景にあるのは、**「WHYから考える」** という岩田さんの思考パターンでしょう。「人事は何のために必要なのか」というラディカルな問いから考えるという発想や、「経営に資する、解くべき問いの設定」を次のチャレンジに据えている点など、批判的な視点から物事を捉えているのが特徴です。**経営層も言語化できていないところにアプローチして、人事が「経営の言語化」をサポートする──それこそが「経営に資する」ということの本質的な意味かもしれません。**

　もう一つ、岩田さんが取り組むデータドリブンの世界は、最先端の情報は書籍にはありません。活字になるまでに最低1〜2年はかかってしまうからです。岩田さんもブログや動画を参考にしたと語られていましたが、最近では、最先端の有益な情報がWEBに落ちていることも少なくありません。その意味では、**人事パーソンはSNSを含めてテクノロジーとうまく付き合うことが大切です。** 岩田さんのインプットの方法に学ぶべきことは多いと思います。

第 3 章

人事パーソンの
キャリア論

本章では、人事パーソンの「キャリア」について考えます。幸福感と活躍度の掛け合わせによる「キャリア充実度」という指標で見ると、人事パーソンのキャリアには3つのアップダウンがあります。若手期（20～34歳）はキャリア充実度が徐々に下がり、次に、上昇に転じる中堅期（35～44歳）を経て、ベテラン期（45歳以降）は再び下降していく傾向にあります。それぞれのフェイズで直面する「危機」をどのように乗り越えて、よきキャリアを積み上げればいいのか——人事パーソンのキャリアサバイブのポイントを詳しく見ていきましょう。

1 人事パーソンの キャリアにおける 3つのアップダウン

1) 人事の仕事への「継続意向」と「キャリア不安」

　第1章では、人事パーソンの約85％が、今後も何らかの形で「人事の仕事を続けたい」と考えている、という調査結果を示しました。図表30を再掲しますが、人事以外のビジネスパーソンの場合、「今の仕事を続けたい」と思っている方の割合は約63％で、人事パーソンの「職種継続意向」は他職種と比較して顕著に高いことがわかります。

　また、第1章では、人事パーソンの「エンゲージメント」の高さにも

再掲：図表30 他職種と比べても「今の仕事を続けたい」人が多い

今後のキャリアについての希望（人事パーソンとその他の比較）

[あてはまる回答者の割合]

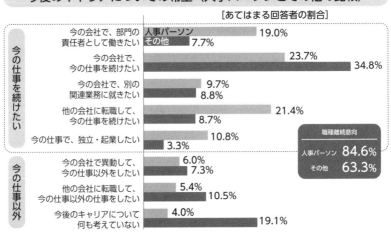

出所：田中聡・中原淳・日本の人事部（2022）人事パーソン全国実態調査・一般ビジネスパーソン調査

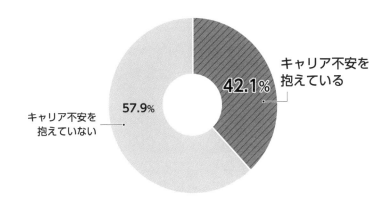

図表53 キャリアに不安を抱えている人事パーソンも多い

長期化する仕事人生で先行きに不安を抱えている

キャリア不安を
抱えている
42.1%

57.9%
キャリア不安を
抱えていない

出所：田中聡・中原淳・日本の人事部（2022）人事パーソン全国実態調査

触れました。「これから社会に出る若者に今の仕事をどの程度勧めたい
と思うか」という質問に対して、その他の職種より肯定的に回答してい
ます。自分自身が「人事を続けたい」だけでなく、若者にも「人事の仕
事を勧めたい」と回答しており、多くの人事パーソンが、人事の仕事を
「天職」と考えている、と言っても過言ではなさそうです。

　しかしながら、私たちの調査では、多くの人事パーソンが「今後も人
事の仕事を続けたい」と思っている一方で、今後のキャリアについて不
安を感じている方も多くいることがわかりました。毎日毎日、メディア
では生成AIのことが喧伝される時代です。自らのキャリアに不安を持
たないほうがおかしい、という考え方もできます。

　図表53に示すように、約4割が「人事の仕事を今後も続けていくこと
に不安がある」と回答しています。「人事の仕事を長く続けていきたい
けれど、この先のキャリアに不安も感じている」というのが、今の人事
パーソンの実情のようです。

現在、就業価値観の多様化や長期化する職業人生などを背景に、従業員のキャリア開発支援に取り組む企業が増えています。読者の皆さんの中にも、自社で従業員のキャリア自律を支援するための制度や施策に携わっている方は多いと思います。それでは、自分自身のキャリアについてはいかがでしょうか？　多くの人事パーソンは、「他者のキャリア」を充実させることには熱心な一方、その矢印を「自分自身」に向ける機会は少ないのではないかと思います。

　人事としてキャリアを全うする（完走する）には、そのための作戦（戦略）を持たなければなりません。本章では、人事パーソン全国実態調査の結果を示しながら、人事パーソンはどのようなキャリアの「危機」に直面するのか、また、それらの危機をどのように乗り越え、充実したキャリアを築いていけばよいのかを考えていきます。

2）幸福感×活躍度＝「キャリア充実度」

　長く人事パーソンとして業務に取り組んでいると、モチベーションやメンタルの状況、仕事の質や成果などについて、好調なときもあれば、不調なときもあるのではないでしょうか。ここでは「キャリア充実度」という指標を用いて、人事パーソンはそのキャリアの中で、どのようなアップダウンを経験するのかを見ていきたいと思います。

「キャリア充実度」という指標は、図表54に示したように「幸福感」と「活躍度」の2つの要素で構成されます。幸福感は、本人の主観として「いま幸せに過ごせているか」の度合いです。活躍度は、客観的な人事評価として「いま成果を出せているか」の度合いです。すなわち「キャリア充実度」は、人事パーソンとして「幸せに仕事に取り組み、かつ、成果を出すことができているかどうか」を表しています。

　キャリアに関する概念には、他にも「キャリア成熟」や「キャリア自律」など、さまざまな心理尺度が存在しますが、本書では「キャリア充

実度」に着目することにしました。

　繰り返しになりますが、キャリア充実度は、「個人の主観的な感情（幸福感）」と「客観的な評価（活躍度）」の両方を含んでいます。すなわち、人事パーソンが仕事に対して満足感を感じているかどうかだけでなく、同時に、組織やチームに対して価値を提供しているかどうかも評価することができます。他の心理尺度では、このような両面を同時に評価することが難しいため、ここでは「キャリア充実度」を用います。

　キャリア充実度は、人事パーソンのモチベーションや仕事の成果など、さまざまな要素を包括的に捉えることができる指標です。これによって、人事パーソンがキャリアの中で経験するアップダウンをより正確に捉え、必要な支援を提供することができるようになると考えます。

　私たちの調査では、人事パーソンの「キャリア充実度」を時間軸で見ていくと、大きく「3つのアップダウン」があることがわかりました。図表55に示すように、入社したての20代前半から30代前半にかけて「キャリア充実度」は徐々に低下していきますが、その後は上昇に転じ、40代前半にはピークに達します。そして、40代後半以降は再び下降していく傾向にあります。

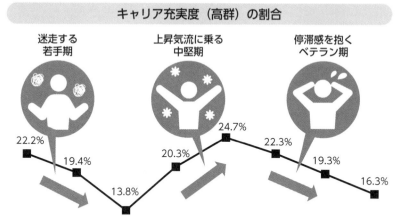

図表55 人事パーソンのキャリアに訪れる3つのアップダウン

キャリア充実度（高群）の割合

迷走する
若手期

上昇気流に乗る
中堅期

停滞感を抱く
ベテラン期

22.2%
19.4%
13.8%
20.3%
24.7%
22.3%
19.3%
16.3%

20〜24歳　25〜29歳　30〜34歳　35〜39歳　40〜44歳　45〜49歳　50〜54歳　55〜59歳

出所：田中聡・中原淳・日本の人事部（2022）人事パーソン全国実態調査

　この調査結果をもとに、本書では、人事パーソンのキャリアを「若手期（20〜34歳）」「中堅期（35〜44歳）」「ベテラン期（45歳以降）」の3つに区分します。若手期の迷走を克服し、中堅期の上昇気流を乗りこなし、ベテラン期の停滞感を乗り越えるために、どのように仕事に向き合っていけばよいのかを考えていきましょう。

　若手期・中堅期・ベテラン期のうち、まずは自分が該当する部分について読み、理解を深め、自らのキャリアを見つめ直すためのツールとして活用してください。また、部下や後輩の育成、身近な他者のキャリア開発に関わっていらっしゃる方は、それ以外のパートにも目を通し、今後の指導にご活用いただきたいと思います。

2 若手期の「迷走」を
どう克服するか?

1) 若手期に直面しがちな3つの課題

迷走する若手期　　上昇気流に乗る中堅期　　停滞感を抱くベテラン期

22.2%　19.4%　13.8%　20.3%　24.7%　22.3%　19.3%　16.3%

20〜24歳　25〜29歳　30〜34歳　35〜39歳　40〜44歳　45〜49歳　50〜54歳　55〜59歳

　若手期は20歳から34歳までを指しますが、前述したとおり、最初は高かったキャリア充実度が、後半になるに従って徐々に低下していく傾向があります。そんな若手期の人事パーソンが陥りやすい課題として、主に以下の3つが挙げられます。

①人間のダークサイドに触れてショックを受ける
②言われたことだけやって満足する
③専門性という幻想に囚われる

以下、それぞれを詳しく見ていきましょう。

①ダークサイドに触れてショックを受ける

　若手期にキャリア充実度が低下していく原因の一つが、いわゆる「リ

アリティ・ショック」に見舞われる、ということです。

　入社前に思い描いていた「バラ色の理想」と「現実」とのギャップによって生じるのがリアリティ・ショックです。会社の風土や雰囲気、周囲との人間関係、自分自身の仕事ぶりや成果など、実際に働いてみるとさまざまなギャップに直面して「こんなはずじゃなかった」とショックを感じ、仕事に対する意欲が減退してしまう現象です。パーソル総合研究所×CAMPの調査によれば、若手社員の7割以上が入社後に何らかのリアリティ・ショックを経験したことがあると言います[32]。

　リアリティ・ショックは、業種や職種を問わず、ビジネスパーソン全般に共通するものと言えますが、人事パーソンに特有のリアリティ・ショックとは、いったい、どのようなものでしょうか？

　人事パーソンに特有のリアリティ・ショックの一つに、就職活動で会った採用担当者のイメージと、実際の人事の仕事とのギャップがあります。説明会などで自社の強みや仕事のやりがいを魅力的に語る人事の姿を目にして、「人事パーソン＝キラキラ輝いて仕事をする憧れの社会人」というイメージを持つ就活生は決して少なくありません。

　しかし、就職活動時に断片的なイメージによって形づくられた「キラキラ人事パーソン像」はそう長くは続きません。入社してめでたく人事部に配属されると、早々に、実際の人事の仕事は実に「泥臭い」ものであることに気づきます。

　人事パーソンになったばかりの人が特にショックを受けるのは、人や組織の「ダークサイド」に触れてしまう場面ではないでしょうか。各職場で生じるハラスメント案件や問題を抱える社員の解雇・リストラ対応、社員による不正行為や不適切な行動への対処など、学生時代にはほとんど経験することのなかった「人間のダークサイド」な一面を垣間見ることになります。このインパクトは相当に大きいはずです。

32）パーソル総合研究所×CAMP（2019）就職活動と入社後の実態に関する定量調査
　　［URL］https://rc.persol-group.co.jp/thinktank/data/reality-shock.html

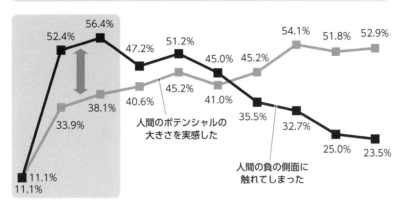

図表56 若手期は「人間のダークサイド」を先行して学習する

最近1年間に人事業務を通じて成長を実感したこと

56.4%
52.4%
47.2%
51.2%
45.0%
45.2%
54.1%
51.8%
52.9%
38.1%
40.6%
45.2%
41.0%
35.5%
32.7%
25.0%
23.5%
33.9%
11.1%
11.1%

人間のポテンシャルの
大きさを実感した

人間の負の側面に
触れてしまった

20〜24歳 25〜29歳 30〜34歳 35〜39歳 40〜44歳 45〜49歳 50〜54歳 55〜59歳 60〜64歳 65歳以上

出所：田中聡・中原淳・日本の人事部（2022）人事パーソン全国実態調査

　図表56に示すのは、「最近1年間に人事業務を通じて成長を実感した
こと」の年代別の変化です。若手期は「人間のポテンシャルの大きさを
実感した」という人事パーソンの割合よりも、「人間の負の側面に触れ
てしまった」という割合のほうが多いことがわかります。

　特に、入社前の学生や若手ビジネスパーソンにとって、人事の仕事と
いえば「会社の魅力を伝えて仲間を集める」「才能を発掘する」「ポテン
シャルを開花させる」「適材適所を実現する」といったポジティブな側
面に目が行きがちです。

　しかし、実際には、先ほども述べたように、社員によるハラスメント
や不正行為への対処、問題を抱える社員の解雇・リストラ対応など、決
して前向きとは言えない仕事が人事の中には数多くあります。そうした
ネガティブな案件に向き合い、その解決に取り組む仕事もまた、会社組
織を支える人事にとって欠かせない重要な役割なのです。

　このように、人と組織の「ダークサイド」に触れ、リアリティ・ショ

ックを経験することで、若手期の人事パーソンは「本当にこの仕事は自分に合っているのだろうか？」「このままこの仕事をやり続けていいのかな……」といった漠然とした不安や葛藤を抱えます。

　若手期にこうしたモヤモヤを吹っ切れないままでいると、将来のキャリアに対する期待や希望を見失い、仕事に対する意欲が減退してしまう傾向にあります。この結果、若手期のキャリア充実度は30代前半頃まで下降傾向をたどるのです。

②言われたことだけやって満足する

　人事の仕事を始めたばかりの若手期は、おそらく上司や先輩の指示のもとで、ある一部のオペレーション的な業務を任されることが多いでしょう。そのため、人事という仕事の全体像や、自分の仕事がどのような形で顧客（＝従業員）や経営、ひいては社会につながっているのかがなかなか理解できません。

　しかしながら、こうした状況に甘んじて、「まだ自分は若手だし、言われたことをしっかりやっておけばいいだろう」というような待ち（受け身）のスタンスでいると、いつまで経ってもキャリア充実度を高めることはできません。

　図表57に示すのは、どのような仕事内容が若手期のキャリア充実度を高めるのかを分析した結果です。ポジティブ要因としては、**「従業員の成長をサポートできる」「新しいことにチャレンジできる」と回答している人事パーソンほど、キャリア充実度が高くなっています。**

　まず、「従業員の成長をサポートできる」という要素について考えてみましょう。前述のとおり、若手期は、自分の仕事が人事全体の仕事でどう位置づけられるのか、自分の仕事が誰にどのような価値をもたらすのかといった仕事の意義を実感しづらいフェイズです。

　第1章で述べたように、人事の仕事は営業やマーケティングといった

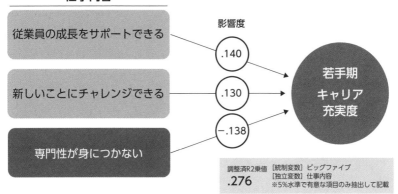

図表57 若手期のキャリア充実度を高める仕事要因

「若手期のキャリア充実度」を従属変数、
「仕事内容」を独立変数とした重回帰分析の結果

仕事内容

影響度

従業員の成長をサポートできる　　.140

新しいことにチャレンジできる　　.130

専門性が身につかない　　−.138

若手期
キャリア
充実度

調整済R2乗値　[統制変数] ビッグファイブ
.276　　　　[独立変数] 仕事内容
※5%水準で有意な項目のみ抽出して記載

出所：田中聡・中原淳・日本の人事部（2022）人事パーソン全国実態調査

他職種と比較して成果が見えづらく、また、成果が出るまでに時間がかかるものです。だからこそ、従業員の成長への貢献意識を持つためには、ただ言われたことをやるだけではなく、自分自身でやりがいや意義を見出したり、上司や先輩にアドバイスを求めにいったりする主体的な行動（プロアクティブ行動）が求められます。

　次に、「新しいことにチャレンジできる」という要素について考えてみましょう。人事の仕事を始めてしばらくは、オペレーション的な業務に取り組みながら、基本的な知識やスキルを学び、身につけていくことが多いと思います。ただ言われたことをこなしているだけではチャンスは訪れません。ここでも自らチャレンジングな仕事を取りにいく主体的な行動が必要ですし、上司や先輩から仕事を任せてもらうには、職場の内外で学び、人事パーソンとして成長しなければなりません。

　受け身の姿勢で「言われたことだけやる」というスタンスでは、いつ

まで経っても人事の仕事のやりがいや意義を感じられず、挑戦的な仕事を通して成長することもできず、キャリア充実度が低下してしまうことになります。人事という仕事に就く前に、人事に対して高すぎる理想や期待を抱いている場合は、さらにその傾向が強まってしまうため注意が必要です。

③専門性という幻想に囚われる

先ほどの分析では「従業員の成長をサポートできる」「新しいことにチャレンジできる」という2つの要素が「若手期のキャリア充実度」を高めると述べました。一方で、ネガティブな要因もあります。それは**「専門性が身につかない」と回答している人ほど「若手期のキャリア充実度」が低い**ということです（図表57）。

先行き不透明な時代、自分のキャリアを築いていくための「武器」が欲しい、という気持ちは痛いほどわかります。若手期からいきなり大きな仕事や責任のある立場を任されることは少なく、仕事のやりがいや意義を実感しにくい状況にあります。また、人事の仕事は営業などのように客観的な数字を通して成果や成長を感じることが難しく、このままでいいのかと不安を感じてしまうこともあるでしょう。

しかし、その漠然とした不安の解消を「専門性」に求めるのは危ない発想です。人事の分野には知る人ぞ知る「体系化された知識やスキル」があり、それさえ身につけることができれば安心してキャリアを歩んでいくことができる、と思っているとすれば、それは「幻想（イリュージョン）」にすぎません。

なぜなら、第1章で詳しく述べたとおり、専門性と呼ばれるもののほとんどは、「汎用的」でも「不変的」でもないからです。

もちろん、何の知識もスキルも持たず、他社事例などから学ぶこともなければ、人と組織の課題は解決できません。特に経験値の少ない若手期にこそ、この先、人事の仕事をしていくうえで「幹」になるような、

人と組織にまつわる理論や専門知識を学び、蓄積していくことが重要です。そして、何よりも、学んだ知識やスキルを仕事の中で実際に活かし、そのプロセスや結果を振り返って修正し、再び実践してみるという「経験学習」を行うことが大切です。

　繰り返しになりますが、「人事には専門性が必要ない」と申し上げたいわけではありません。「人事の専門性とは何か?」という抽象的で答えのない問いについて、あれこれ思案することにはさして意味がないということです。

　このあと詳しく述べますが、むしろ、若手期には「インプット」が必要不可欠です。ただし、それだけあれば何でも解決できる「魔法の杖」のような専門性は存在しません。確立された専門性めいたものを追い続けるのは、ゴールのないマラソンを走るようなものなのです。

2) 若手期の課題を乗り越えるために

　ここまで、若手期に陥りがちな「①人間のダークサイドに触れてショックを受ける」「②言われたことだけやって満足する」「③専門性という幻想に囚われる」という3つの課題を見てきました。

　それでは、これらの課題を乗り越えるために、若手期にはどのような姿勢や考え方でキャリアを積み上げていけばいいのでしょうか。私たちの調査では、以下の3つのポイントが明らかになりました。

①仕事の意義ややりがいを振り返る習慣を持つ
②インプットで人事パーソンとしての基盤をつくる
③理論に基づいた「自分なりの見立て」を持つ

　以下、それぞれについて詳しく見ていきましょう。

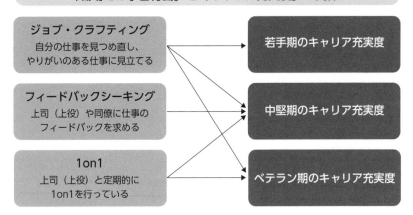

図表58 ジョブ・クラフティングがキャリア充実度を高める

「職場での学習行動」と「キャリア充実度」の関係

ジョブ・クラフティング
自分の仕事を見つめ直し、
やりがいのある仕事に見立てる

フィードバックシーキング
上司（上役）や同僚に仕事の
フィードバックを求める

1on1
上司（上役）と定期的に
1on1を行っている

若手期のキャリア充実度

中堅期のキャリア充実度

ベテラン期のキャリア充実度

注：上記は、若手期・中堅期・ベテラン期のキャリア充実度のそれぞれを従属変数にして行った重回帰分析の結果を一つにまとめたものである。変数間を結ぶ矢印は統計的に有意な正の影響（5%有意水準）を示している。
出所：田中聡・中原淳・日本の人事部（2022）人事パーソン全国実態調査

①仕事の意義ややりがいを振り返る習慣を持つ

　図表58に示したのは、職場におけるどのような学習行動が、キャリア充実度を高めるのかを分析した結果です。この中で特に注目に値するのが「ジョブ・クラフティング（Job Crafting)」です。**若手期・中堅期・ベテラン期を問わず、職場で「ジョブ・クラフティング」を行っている人事パーソンほど、キャリア充実度が高い**ことが明らかになりました。「ジョブ・クラフティング」とは、自分の仕事を見つめ直し、自分にとってやりがいのある仕事に見立てる行動です[33]。「仕事の意味づけを変える」と言ってもいいでしょう。やらされ感で取り組むのではなく、自

---

[33] ジョブ・クラフティングは、「従業員が、自分にとって個人的に意義のあるやり方で、職務設計を再定義・再創造するプロセス」と定義されています（Wrzesniewski & Dutton, 2001）。具体的には、ジョブ・クラフティングの対象は「①職務」「②関係性」「③仕事の捉え方」という三次元に分類されますが、本書では「③仕事の捉え方」のクラフティングという意味で、ジョブ・クラフティングを用いることにします。
　Wrzesniewski, A. & J. E. Dutton（2001）Crafting a Job: Revisioning Employees as Active Crafters of Their Work. *Academy of Management Review*. 26（2），p179-201.

分自身で仕事の方法や進め方を工夫したり、周囲との関わり方やコミュニケーションのとり方を変えたり、意義ややりがいを捉え直したりすることによって、仕事でのパフォーマンスや生産性が高まることが複数の研究によって実証されています。

若手期の課題の一つに「人間のダークサイドに触れてショックを受ける」がありました。人事の仕事をしていれば、人や組織のネガティブな側面を目にすることは避けられませんが、その一方で、自分が手がけた制度や施策によって、社員の表情が明るくなったり、職場のコミュニケーションが活発になったり、といった前向きな場面にも数多く出会うはずです。ダークサイドだけではなく、そうしたポジティブな側面にも目を向けて、自分の仕事の意義ややりがいを見出すことは、まさしく「ジョブ・クラフティング」です。

若手期の課題の2つ目は「言われたことだけやって満足する」というものでした。新人・若手のうちは、上司の指示のもとオペレーション的な業務に取り組むことが多いかもしれませんが、それらを「ただの退屈な作業だ」「言われたことだけやればいい」と捉えてしまうと、意欲も湧きませんし、成長やキャリア充実にもつながりません。自分の仕事で何か工夫や改善ができることはないかを考えたり、従業員の成長や会社の業績にどのように貢献しているのかを捉え直したりすることも、まさしく「ジョブ・クラフティング」です。

このように、若手期の課題を乗り越え、キャリア充実度を高めていくためには、自分の仕事の意義ややりがいを振り返る習慣を持ち、積極的にジョブ・クラフティングを行うことが重要です[34]。

②インプットで人事パーソンとしての基盤をつくる

人事パーソンの成長の基本となるのは「経験学習」であると、ここま

---

34) ジョブ・クラフティングの具体的な方法については、p227のコラム「ジョブ・クラフティングを実践しよう！」でより詳しく取り上げます。

で何度も述べてきました。新たな業務や役割を通じて経験を積み、その
プロセスや成果を内省（振り返り）し、「持論（マイセオリー）」をつく
り、新たな業務や役割において活用していく、というサイクルを継続し
て回し続けることが最も重要です。

　しかし、新人・若手期はまだまだ経験が少なく、基本的な知識やスキ
ルも十分ではありません。また、人事のトレンドや他社事例などの情報
を十分に有しているわけでもありません。そうした基盤がないままに経
験だけを積み重ねていくと、「誤った持論」を持つことになるでしょう。
若手時代に誤って形成されてしまった持論は、あとでなかなか修正でき
ません。

　そのため、若手期は「経験学習」を基本としつつも、人事パーソンと
してキャリアを歩んでいくうえでの基盤となる、正しい知識やスキルを
「インプット」していくことが必要不可欠です。

　私たちの調査でも、若手期の「インプット」の重要性が明らかになり
ました。図表59に示したのは、職場外におけるどのような学習行動が、
若手期のキャリア充実度を高めるのかを分析した結果です。アウトプッ
トに関する学習行動は統計的に有意な影響を与えなかった一方で、「人
事に関する最新ニュースや注目ワードを常に情報収集している」「専門
的な知識を学ぶために人事関連の専門書を読んでいる」など積極的にイ
ンプットしている若手人事パーソンほど、キャリア充実度が高いことが
わかります。

　まず、「人事に関する最新ニュースや注目ワードを常に情報収集して
いる」に関しては、日常的なものとして、新聞やテレビ、SNSなどから
の情報収集が考えられます。一歩先を行くとすれば、経産省・厚労省・
文科省などの審議会情報、労働政策研究・研修機構の「メールマガジン
労働情報」などに目を通すことがおすすめです。中央省庁の議論や動向
を追うことで、時代の趨勢や国の政策はどちらに向いているのかがある
程度わかってきます。世の中の大局を掴んでおくと、経営の方針や、

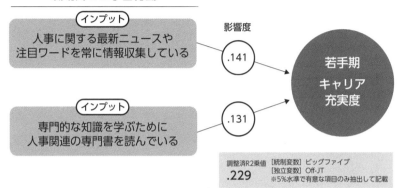

図表59 若手期は「インプット」がキャリア充実度を高める

「若手期のキャリア充実度」を従属変数、
「職場外での学習行動」を独立変数とした重回帰分析の結果

職場外での学習行動

インプット
人事に関する最新ニュースや
注目ワードを常に情報収集している

影響度
.141

インプット
専門的な知識を学ぶために
人事関連の専門書を読んでいる

.131

若手期
キャリア
充実度

調整済R2乗値　[統制変数] ビッグファイブ
.229　[独立変数] Off-JT
※5%水準で有意な項目のみ抽出して記載

出所：田中聡・中原淳・日本の人事部（2022）人事パーソン全国実態調査

各々の制度・施策の意味も理解しやすくなるでしょう。

　情報収集と言われても、どのようなメディアを活用すればいいのかわからない、という読者もいるかもしれません。図表60では、人事に関する最新ニュースや注目ワードを押さえるのに役立つ情報メディアや講座を紹介しています。ぜひ活用してください。

　次に「専門的な知識を学ぶために人事関連の専門書を読んでいる」に関しては、第2章でも述べたとおり、多くの本や論文を手に取ることをおすすめします。人事部門が解決すべき課題が多様化する中、これだけ読めばいいというリストは存在しません。p159のコラム「人事の専門性を学ぶためのブックガイド」で取り上げたものも、人事パーソンに読んでいただきたい書籍のほんの一部にすぎませんので、ぜひそれらを入り口に読書の幅を広げ、学びを深めてほしいと思います。

　若手期の課題の3つ目のように「専門性という幻想に囚われる」のではなく、必ず「カスタマイズ」が求められること、常に「アップデート

図表60	人事に関する情報収集に役立つメディア	
ウェブサイト	『日本の人事部』 (株式会社HRビジョン)	https://jinjibu.jp/
	WEB労政時報 (株式会社労務行政)	https://www.rosei.jp/readers
	リクルートワークス研究所	https://www.works-i.com/
	パーソル総合研究所	https://rc.persol-group.co.jp/
紙媒体	日本の人事部 LEADERS (株式会社HRビジョン)	https://jinjibu.jp/leaders/
	人事白書(株式会社HRビジョン)	https://jinjibu.jp/research/
	ハーバード・ビジネス・レビュー (株式会社ダイヤモンド社)	https://dhbr.diamond.jp/
	Works (リクルートワークス研究所)	https://www.works-i.com/works/
	企業と人材 (株式会社 産労総合研究所)	https://www.e-sanro.net/magazine_ jinji/kigyotojinzai/
	Learning Design (株式会社日本能率協会マネジメントセンター)	https://jhclub.jmam.co.jp/acv
イベント、セミナー、講座	HRカンファレンス (株式会社HRビジョン)	https://jinjibu.jp/hr-conference/
	HRアカデミー (株式会社HRビジョン)	https://jinjibu.jp/hra/
	HRコンソーシアム (株式会社HRビジョン)	https://jinjibu.jp/consortium/
	CHRO養成塾 (株式会社HRビジョン)	https://jinjibu.jp/chro/
	立教大学大学院 経営学研究科 リーダーシップ開発コース	https://ldc.rikkyo.ac.jp/
	慶應丸の内シティキャンパス 「ラーニングイノベーション論」	https://www.keiomcc.com/program/ lin24a/
	HRリーダーズフォーラム (パーソル総合研究所)	https://rc.persol-group.co.jp/hrlf/

し続けていく」必要があること、成長の基本は「経験学習」であること
を理解したうえで、たくさんの「インプット」に励みましょう。

③理論に基づいた「自分なりの見立て」を持つ

　前項では、若手期には、人と組織にまつわる基礎知識や基本スキルを
「インプット」することの重要性を述べました。キャリアの礎となる大
事な時期に、誤った「持論（マイセオリー）」を形成しないためにも、
まずは「理論」を学ぶことが必要です。

　理論とは、ある現象を引き起こすメカニズムを説明したり、これから
生じる現象や事象を予測したりする際に用いられるストーリー（概念間
の関連）のことです。例えば、重力の理論は、地球上の物体がなぜ地面
に引き寄せられるのかを説明しています。また、経済学の理論は、市場
や勝者の行動を理解したり、予測したりするための思考の枠組みを提供
します。

　人と組織にまつわる分野にもさまざまな理論が存在します。例えば、
リーダーシップという現象について説明するリーダーシップ理論や、人
のやる気について説明するモチベーション理論などが挙げられます。

　理論というと小難しく感じる方もいらっしゃるでしょう。また、ビジ
ネスとは関係ない「学問の世界」というイメージを持たれる方も少なか
らずいらっしゃると思います。しかし、決してそのようなことはありま
せん。理論は、職場で起こる複雑な問題の解決策を考えたり、これから
生じるさまざまな現象を予測したりする際の手がかりになるという意味
でとても有用なツールです。

　図表61に示したのは、どのような成長実感が、若手期のキャリア充実
度を高めるのかを分析した結果です。まず**「人・組織に関する学術的な
理解が深まった」という成長実感を抱いている若手人事パーソンほど、
キャリア充実度が高い**ことが明らかになりました。この結果も、若手期
の「インプット」の重要性を示しています。

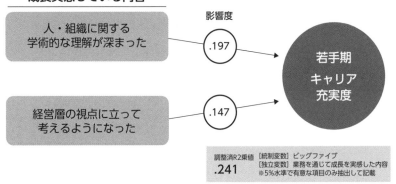

図表61 自社の課題解決を意識してインプットに励む

「若手期のキャリア充実度」を従属変数、
「成長実感」を独立変数とした重回帰分析の結果

成長実感している内容

人・組織に関する
学術的な理解が深まった

影響度 .197

経営層の視点に立って
考えるようになった

.147

若手期
キャリア
充実度

調整済R2乗値 [統制変数] ビッグファイブ
.241 [独立変数] 業務を通じて成長を実感した内容
※5%水準で有意な項目のみ抽出して記載

出所：田中聡・中原淳・日本の人事部（2022）人事パーソン全国実態調査

　一方で、当然のことですが、ただひたすら「インプット」だけすれば
いいというわけではありません。この分析では、「経営層の視点に立っ
て考えるようになった」と実感している若手人事パーソンほど、キャリ
ア充実度が高いことも示されました。

　何を学ぶにせよ、何を身につけるにせよ、それらが「自社の組織に活
かせるかどうか」という視点がなければ、インプットのためのインプッ
トになりかねません。目的は人と組織にまつわる課題を解決し、経営に
貢献することであり、人事としてさまざまな情報をインプットすること
はそのための手段であることを認識しておかなければなりません。

　これらを踏まえると、若手期は、人と組織に関する理論をインプット
したうえで、それに基づいて、どうすれば自社の課題解決につながるの
か、「自分なりの見立て」を持つことが重要だと言えます。

中堅期の「上昇気流」を
どう乗りこなすか？

1) 中堅期に直面しがちな3つの課題

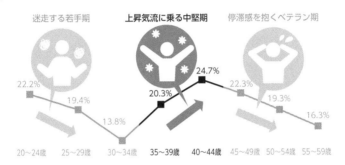

迷走する若手期　　　上昇気流に乗る中堅期　　　停滞感を抱くベテラン期

22.2%　　19.4%　　13.8%　　20.3%　24.7%　22.3%　19.3%　16.3%

20〜24歳　25〜29歳　30〜34歳　35〜39歳　40〜44歳　45〜49歳　50〜54歳　55〜59歳

　中堅期は35歳から44歳までを指しますが、新人期の下降傾向からは一転、キャリア充実度が右肩上がりに上昇していきます。この頃になると、若手のように仕事の一部を切り出して担当するのではなく、課長やリーダーといった責任のあるポジションに就き、より重要度の高い仕事を任されるようになります。重要度の高い仕事に取り組む中で、人事の仕事が持つ影響力の大きさや、人や組織が持っているポテンシャルの大きさを実感するような機会も増えていきます。

　こうした「上昇気流」の中、人事の仕事の意義ややりがいを強く感じながら、経営や現場への貢献を実感できる仕事に携われるのが中堅期の人事パーソンの特徴です。そんな中堅期の人事パーソンが陥りやすい課題として、以下の3つが挙げられます。

①ひたすら飛んでくる球を打ち続ける

②現場に出なくなって「ぼっち化」する

③誰からもフィードバックをもらえなくなる

以下、それぞれを詳しく見ていきましょう。

①ひたすら飛んでくる球を打ち続ける

　中堅期になると、当然ながら、仕事は多忙を極めます。序章や第1章で繰り返し述べたように、今、人事部門のもとにはさまざまな課題が放り込まれ、四方八方課題だらけの「新規課題沼」と化しています。中堅人事パーソンはその沼の番頭として、ひたすら「飛んでくる球」を打ち続けるような状態になります。

　図表62に示すのは、どのような「仕事内容」が「中堅期のキャリア充実度」を高めるのかを分析した結果です。ポジティブ要因・ネガティブ要因ともにいくつかありますが、**最もポジティブな要因として影響力を**

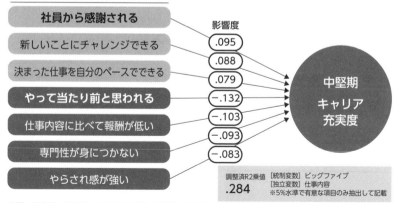

図表62 正当な評価の実感が中堅期のキャリア充実につながる

「中堅期のキャリア充実度」を従属変数、
「仕事内容」を独立変数とした重回帰分析の結果

仕事内容

	影響度
社員から感謝される	.095
新しいことにチャレンジできる	.088
決まった仕事を自分のペースでできる	.079
やって当たり前と思われる	−.132
仕事内容に比べて報酬が低い	−.103
専門性が身につかない	−.093
やらされ感が強い	−.083

中堅期
キャリア
充実度

調整済R2乗値　[統制変数] ビッグファイブ
.284　　　[独立変数] 仕事内容
※5%水準で有意な項目のみ抽出して記載

出所：田中聡・中原淳・日本の人事部（2022）人事パーソン全国実態調査

持つのが「社員から感謝される」である一方、「やって当たり前と思わ
れる」が最大のマイナス要因であることは注目に値します。

　この分析結果から見えてくるのは、中堅期は、現場の社員からのポジ
ティブな「評価」を実感できるかどうかで、キャリア充実度に大きな差
が出るということです。現場の社員から「やって当たり前」と思われて
いるという認識はキャリア充実度を低下させ、反対に、現場の社員から
「感謝されている」という認識はキャリア充実度を高めます。

　第1章でも述べたように、人事の仕事は「減点主義」で評価されがち
です。現場からのポジティブな声は届きにくく、一方、何らかの問題や
不備があった場合には批判の対象に晒されます。社内VoCについても言
及しましたが、自ら現場の声を聞きにいかないことには、なかなかポジ
ティブな「評価」を実感することはできません。

　自分の仕事を受け取るのは誰なのか、その「宛先」さえ意識しないま
ま、ひたすらに「飛んでくる球」を打ち続けているだけでは、キャリア
充実度を高めることはできないでしょう。

②現場に出なくなって「ぼっち化」する

　中堅期の多忙さはすでに述べたとおりですが、それにより引き起こさ
れるのが**「現場に出なくなる」**という問題です。中堅人事パーソンは、
自身の仕事で日々課題解決に追われながら、チームのマネジメントや部
下・後輩の指導的な役割も担っていることが少なくありません。現場に
出たくても、時間や余裕がない場合もあるかもしれません。

　また、第1章で述べたように、人事部門には、現場の社員には明かせ
ない人事情報を扱っているという特殊な事情もあります。中堅期になる
と経営層との接点も増え、社内でもオープンにできないリリース前の経
営方針や人事戦略に触れることになります。そうしたことも、現場に出
なくなる現象を助長しているかもしれません。人事が持つ影響力の大き
さを自覚するからか、人事パーソンから「人事が現場に行くのは嫌がら

れる」といった発言を耳にすることも少なくありません。

　しかしながら、前項で述べたように、中堅期のキャリア充実度を高めるためには、現場の社員からのポジティブな「評価」を実感することが重要です。「多忙だから」「現場には行きづらいから」といって人事ムラに引きこもってしまってはいけないのです。**ポジティブな評価が向こうから勝手にやってくることなどありません。自ら現場に出ていく必要があります。**

　そもそも、現場の社員の「生の声」を聞かずして、効果的な人事制度や人事施策を企画したり、実行したりすることはできません。経営や現場にインパクトをもたらすためには、現場はどのような状況にあるのか、社員はどのような課題を感じているのか、といった情報を把握することが必要不可欠です。「現場の社員から感謝される」制度や施策を行うためにも、現場に足を運ばなければなりません。

　中堅人事パーソンは確かに「多忙」です。しかし、多忙であることを理由（言い訳）にして、現場に出なくなって「社内ぼっち」になってしまうという事態は避けなければなりません。

③誰からもフィードバックをもらえなくなる

　中堅期になると、管理職やリーダーといった責任のあるポジションを任される人事パーソンも増えてくるでしょう。若手期は「仕事を教わる」立場でしたが、中堅期には、部下や後輩もできて、今度は「仕事を教える」「質問や相談を受ける」立場になっていきます。

　そんな中堅期に陥りがちなのが、誰からも「フィードバック」をもらえなくなるという問題です。図表63に示したのは、職場内で「上司と定期的に1on1を実施している」「上司や同僚に仕事のフィードバックを求める」という学習行動を行っている割合の年代別推移です。**年齢が上がるにつれて「1on1」や「フィードバック」を受ける人事パーソンの割合が減少している**ことがわかります。

図表63 年齢が上がるにつれて「フィードバック機会」が減る

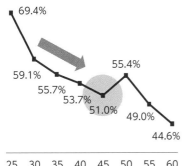

上司と定期的に1on1を実施している

69.4%
59.1%
55.7%
53.7%
51.0%
55.4%
49.0%
44.6%

| 25
〜
29
歳 | 30
〜
34
歳 | 35
〜
39
歳 | 40
〜
44
歳 | 45
〜
49
歳 | 50
〜
54
歳 | 55
〜
59
歳 | 60
〜
64
歳 |

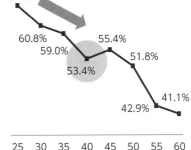

上司や同僚に仕事のフィードバックを求める

65.3%
60.8%
59.0%
53.4%
55.4%
51.8%
42.9%
41.1%

| 25
〜
29
歳 | 30
〜
34
歳 | 35
〜
39
歳 | 40
〜
44
歳 | 45
〜
49
歳 | 50
〜
54
歳 | 55
〜
59
歳 | 60
〜
64
歳 |

出所：田中聡・中原淳・日本の人事部（2022）人事パーソン全国実態調査

　この傾向については、誰もが納得するところでしょう。年齢を重ねて経験を積めば、ある程度は一人で仕事をこなせるようになります。役職や立場も上がっていき、自らの責任と裁量で進められる仕事も増えていきます。自ら求めにいかない限り、仕事のプロセスや成果について、フィードバックを受ける機会は減っていくでしょう。

　それでは、中堅期（そして、その先のベテラン期）になったら、もうフィードバックを受ける機会は必要ないのでしょうか？

　決してそのようなことはありません。後ほど詳しく説明しますが、私たちの調査でも、他者からのフィードバックを自ら積極的に求めにいっている中堅人事パーソンのほうが、キャリア充実度が高いことが明らかになっています。1on1やフィードバックは、新人や若手のためだけにあるのではなく、働くすべての人に必要なのです。

　中堅期は、仕事を「任せられる」ようになる半面、ある意味で「周囲から放っておかれる」ようになるフェイズです。部下や後輩はもちろん

のこと、上司であっても口を出しづらくなります。自分から求めにいかない限り、誰からも「フィードバック」をもらえない、というのが中堅人事パーソンにありがちな状況です。

2) 中堅期の課題を乗り越えるために

　ここまで、中堅期に陥りがちな「①ひたすら飛んでくる球を打ち続ける」「②現場に出なくなって『ぼっち化』する」「③誰からもフィードバックをもらえなくなる」という3つの課題を見てきました。

　それでは、これらの課題を乗り越えるために、中堅期にはどのような姿勢や考え方でキャリアを積み上げていけばいいのでしょうか。私たちの調査では、以下の3つのポイントが明らかになりました。

> ①評価やフィードバックを「自分から取りにいく」
> ②知識やスキルを積極的に「アウトプット」する
> ③セーフティゾーンに安住せずに「越境」する

　以下、それぞれについて詳しく見ていきましょう。

①評価やフィードバックを「自分から取りにいく」

　中堅期のキャリア充実度を高めるには、現場の社員からのポジティブな「評価」を実感することが重要です。しかし、中堅期の課題「①ひたすら飛んでくる球を打ち続ける」「②現場に出なくなって『ぼっち化』する」でも述べたとおり、次から次へと降ってくる課題に対応しなければならない中堅人事パーソンは、その多忙さゆえに現場に出なくなりがちで、現場（宛先）を意識することなく、ただ「飛んでくる球」を打ち続けるだけになってしまうことも少なくありません。

　人事ムラに閉じこもって待っていても、現場の社員からの「評価」は

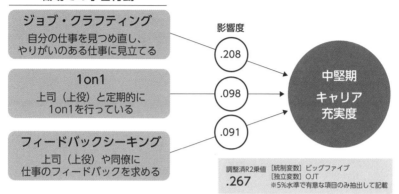

図表64 中堅期は自らフィードバックを求めにいくことが大切

「中堅期のキャリア充実度」を従属変数、
「職場での学習行動」を独立変数とした重回帰分析の結果

職場での学習行動

ジョブ・クラフティング
自分の仕事を見つめ直し、
やりがいのある仕事に見立てる

1on1
上司（上役）と定期的に
1on1を行っている

フィードバックシーキング
上司（上役）や同僚に
仕事のフィードバックを求める

影響度
.208
.098
.091

中堅期
キャリア
充実度

調整済R2乗値　[統制変数] ビッグファイブ
　　　　　　　[独立変数] OJT
.267　　※5%水準で有意な項目のみ抽出して記載

出所：田中聡・中原淳・日本の人事部（2022）人事パーソン全国実態調査

一向に届くことはありません。人事パーソンには、自分から現場の「声」を取りにいくことが求められます。これは、第1章で紹介した「社内VoCの活用」にほかなりません。自らが手がける人事制度や人事施策について、社員に「質」を評価してもらう中で、ポジティブな反応や感謝を実感できる場面も増えてくるでしょう。現場の声を集めることは、インパクトをもたらす制度や施策を企画・実践するうえでも必要不可欠なものです。

　また、課題の3つ目「誰からもフィードバックをもらえなくなる」についても、同様に「フィードバックを自分から取りにいく」という姿勢が重要です。図表64に示したのは、どのような職場での学習行動が中堅期のキャリア充実度を高めるのかを分析した結果です。「**ジョブ・クラフティング**」がキャリア充実度を高めるのは若手期と共通しますが、中堅期はそれに加えて、「**上司との1on1**」や「**フィードバックシーキング**」を実践している人ほど、キャリア充実度が高いことが明らかになり

ました。

　第2章で述べたように、ハイパフォーマー人事は、自分自身で経験学習を行う「I（私）モード」と、自分の行動や成果に対して周囲からのフィードバックを受ける「You（他者）モード」を両立しています。上司や先輩から自然とフィードバックをもらえる若手期と違って、自分に仕事を「任せてもらえる」、悪く言えば「放っておかれる」のが中堅期です。だからこそ、中堅人事パーソンがキャリア充実度を高めるためには、上司や同僚からのフィードバックを「自分から取りにいく」ことが大切です。

②知識やスキルを積極的に「アウトプット」する

　若手期には、経験学習を基本としながらも、できるだけ多くの知識やスキルを「インプット」することが重要だと述べました。では、中堅期は、どのような学習行動がキャリア充実につながるのでしょうか。

　図表65に示すのは、職場外での学習行動とキャリア充実度の関係を分析した結果です。**中堅期は「学んだ知識は担当業務に積極的に活用している」「学んだ知識は同僚など他メンバーに積極的に共有している」という2つの学習行動を行っている人事パーソンほど、キャリア充実度が高い**ことが明らかになりました。

　若手期は「最新のニュースに触れている」「人事関連の専門書を読んでいる」という2つの学習行動がキャリア充実度を高める要因になっていましたが、**中堅期になると、そうした「インプット」よりもむしろ、学んだ知識を業務に活用したり、職場のメンバーに共有（還元）したりする「アウトプット」のほうが重要になる**ということです。

　中堅期は、「インプット重視」の学びから、「アウトプット重視」の学びのスタイルに移行していくタイミングであると言えそうです。

　注目すべきは、学んだ知識を自分の業務に活かすだけでなく、他のメンバーにも共有することが充実したキャリアに結びついている点です。

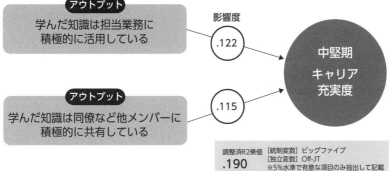

図表65 中堅期は「アウトプット」がキャリア充実度を高める

「中堅期のキャリア充実度」を従属変数、
「職場外での学習行動」を独立変数とした重回帰分析の結果

職場外での学習行動

アウトプット
学んだ知識は担当業務に
積極的に活用している

影響度
.122

中堅期
キャリア
充実度

アウトプット
学んだ知識は同僚など他メンバーに
積極的に共有している

.115

調整済R2乗値 ［統制変数］ビッグファイブ
.190 ［独立変数］Off-JT
※5%水準で有意な項目のみ抽出して記載

出所：田中聡・中原淳・日本の人事部（2022）人事パーソン全国実態調査

　中堅人事パーソンの中には、プレイヤーでありながら、同時に管理職やリーダーとしてチームをリードする立場にあるという方も少なくないでしょう。自分が学んだ知識やスキルを「自分だけの学び」にするのではなく、「他のメンバーにもお裾分けする」というチーム意識を持ってこそ、プレイングマネジャーとしての役割が務まります。

　また、学びを積極的に発信することで、いろいろな追加情報が寄せられ、良質なインプットにつながるという副次的な効果も期待できます。さらに、中堅期に不足しがちな「他者からの評価やフィードバック」を得られる可能性も高まります。

　若手期の「インプット」は、自分視点で自分の仕事を一人前にこなせるようになるために必要という側面が強いかもしれません。一方、中堅期には、自分自身の成長や成果だけではなく、チーム視点を持ち、自分以外のメンバーの成長や組織としての成果に目を向けることが求められます。**「学びのお裾分け（アウトプット）」**を積極的に行うことにより、

周囲の学びが促されることはもちろん、他メンバーから思わぬ評価やフィードバックを受ける機会にもつながります。そのようなポジティブな連鎖によって、キャリア充実度を高めることができるでしょう。

③セーフティゾーンに安住せずに「越境」する

　中堅期になると重要度の高い仕事やプロジェクトを任される機会が増え、「自分の居場所はここにある」といった安心感を抱きやすくなります。一定の経験を積んできているため、現場に出ていかずとも、また、他者からのフィードバックを受けずとも、ある程度は仕事を「こなす」ことができます。ひたすら「飛んでくる球」を打ち続けるような状態だとしても、それが「自分が必要とされている証」だと思えれば、忙しい毎日の中にも一定の充実感を感じることができるでしょう。

　このように、中堅期には「自分がここにいる意味」を改めて問う余裕も必要性も生まれにくいのかもしれません。つまり、**居場所や存在意義が保障された「セーフティゾーン」で仕事ができるのが中堅期の特徴**と言えます。しかし、そこに安住していては、成長の度合いは限られてしまいます。中堅人事パーソンがよりキャリア充実度を高めるためにおすすめしたいのが、「セーフティゾーン」に安住せず、積極的に「越境」することです。

　参考として、人事パーソン・インタビューから、越境的な学びの方法を紹介します。インタビューさせていただいた方は、みな中堅期の人事パーソンです。ここでは、カインズの清水宏紀さん、ユニリーバ・ジャパン・ホールディングスのバスマジェ詩織さんの「越境」を順番に掲載します（p169、240参照）。

　　これまで人に恵まれてきたと思っているので、人と会い、勉強会などで学習することは自分にフィットしているのだと思います。ご縁がつながって、その後改めて個別にお話を聞かせていただくことも少な

くありません。

　最近、「この育成プロジェクトを一緒に考えましょう」といったように、他部署の人をプロジェクトに入れたりしています。すると「人事って本当に難しいですね」と言われます。
　人口不足が、ダイバーシティが、AIが、海外が、戦争が──と、いろんなことに人事はどんどん対応していかなければいけません。オープンマインドでないと、組織が取り残されて、負けてしまいます。

　清水さんのように、社外の勉強会やネットワークへの「越境」もありますし、バスマジェさんのように、社内で、人事に閉じない「巻き込み型」の「越境」をすることもできます。
　自分の「セーフティゾーン」から飛び出して、社外の人事パーソンや人事以外のビジネスパーソンと交わることで、より多くの学びと気づきを得ることができるはずです。そして、そこで得られたものは「自分の居場所」における、よりよい仕事や成果にも結びついていきます。

ベテラン期の「停滞感」を
どう乗り越えるか？

1) ベテラン期に直面しがちな3つの課題

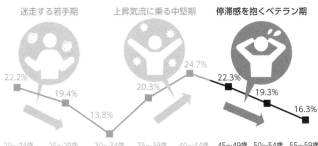

迷走する若手期　　上昇気流に乗る中堅期　　停滞感を抱くベテラン期

22.2%　19.4%　13.8%　20.3%　24.7%　22.3%　19.3%　16.3%

20〜24歳　25〜29歳　30〜34歳　35〜39歳　40〜44歳　45〜49歳　50〜54歳　55〜59歳

　最後にベテラン期について見ていきます。45歳以降、キャリア充実度は再び低下していく傾向にあります。若手期のモヤモヤを克服し、ウキウキの中堅期を経て、ガクンと落ち込むわけではありませんが、じりじりとキャリア充実度が低下していきます。

　ベテラン期になると、多様な経験を積み、いくつかの分野や業務についてはエキスパートとして「あの人に任せておけば大丈夫」と頼られることも多いでしょう。管理職やリーダーとしての経験も豊富で、組織に対して自分が与える影響力の大きさを認識している方もいらっしゃるでしょう。

　しかし、若いときと比べると体力も気力も落ちてきていること、キャリアの終わりが少しずつ近づいてきていることを実感しながら仕事をする毎日。そんな中で、ゆるやかに「下山」したいと考える。考えてみれば、山登りで事故に遭いやすいのは「登っているとき」よりも「下山し

ているとき」なのです。そんなベテラン期の人事パーソンが陥ってしまう課題として、主に以下の3つが挙げられます。

①自分がここにいる意味を喪失してしまう
②仕事の意義ややりがいが感じられなくなる
③インプットが減って、出涸らし状態になる

以下、それぞれを詳しく見ていきましょう。

①自分がここにいる意味を喪失してしまう

　ベテラン期は45歳以降を指しますが、この「45歳」を境にキャリアに対する意識が変化することが多いようです。図表66に示すのは、法政大学大学院の石山恒貴教授とパーソル総合研究所が実施した調査の結果です。ビジネスパーソンに自身の「キャリアの終わり」を意識しているか

図表66 40代半ばを境に「キャリアの終わり」を意識し始める

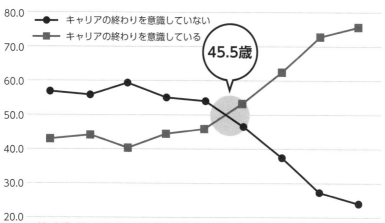

出所：石山恒貴・パーソル総合研究所（2018）『会社人生を後悔しない 40代からの仕事術』ダイヤモンド社

どうかを尋ねたもので、45.5歳を境に「意識している」と「意識していない」の割合が逆転していることがわかります[35]。

　ベテラン期はまさに「キャリアの終わり」を意識し始めるタイミングです。生々しい話をすると、自分はこの会社でどれほど必要とされているのか、これから先どこまで出世できるのか、どのあたりがキャリアの天井になりそうか、といった「先が見えてくる」のもベテラン期に差し掛かるこの時期の特徴です。ここで「自分はやり尽くした」「頑張るのはもういいよ」と無気力になる方は少なくないように思います。

　ベテラン期になると「下から突き上げられる」場面も増えます。自分よりも年下の上司のもとで、お互いに「やりづらさ」を感じながら働くこともあるでしょう。また、最新のテクノロジーやデータを駆使した人事業務の変革というテーマになると、情報感度の高い若手や中堅には敵(かな)いませんし、ダイバーシティやウェルビーイングといった今時のテーマについては、感覚の違いも大きく、意見が合わないことも少なくありません。これまで積み上げてきた経験や知識・スキルを活かせないことにもどかしさを感じることもあるでしょう。

　自分のキャリアの「終わりが見えてきた」「先が見えてしまった」ことに加えて、「下から突き上げられる」ような感覚に陥る中で、自分が「ここにいる意味」を喪失してしまう──。ベテラン期の人事パーソンはこうした課題と無縁ではありません。

②仕事の意義ややりがいが感じられなくなる

　仕事内容とキャリア充実度の関係を見たとき、若手期・中堅期には、ポジティブな要因がありました。若手期は「従業員の成長をサポートできる」「新しいことにチャレンジできる」の2つ、中堅期は「社員に感謝される」「新しいことにチャレンジできる」「決まった仕事を自分のペ

35）　石山恒貴・パーソル総合研究所（2018）『会社人生を後悔しない 40代からの仕事術』ダイヤモンド社.

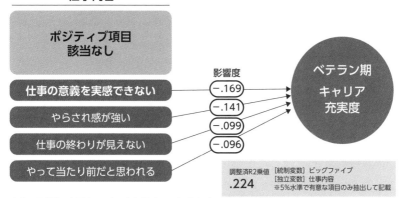

図表67 ベテラン期には明確なポジティブ要因がなくなる

「ベテラン期のキャリア充実度」を従属変数、
「仕事内容」を独立変数とした重回帰分析の結果

仕事内容

ポジティブ項目
該当なし

影響度

仕事の意義を実感できない ── (−.169)

やらされ感が強い ── (−.141)

仕事の終わりが見えない ── (−.099)

やって当たり前だと思われる ── (−.096)

ベテラン期
キャリア
充実度

調整済R2乗値 ［統制変数］ビッグファイブ
.224 ［独立変数］仕事内容
※5%水準で有意な項目のみ抽出して記載

出所：田中聡・中原淳・日本の人事部（2022）人事パーソン全国実態調査

ースでできる」の3つがキャリア充実度を高める要因でした。

　では、ベテラン期についてはどうでしょうか。実は、図表67に示すように、仕事内容において、ベテラン期のキャリア充実度にプラスの影響を与える要因はありませんでした。つまり、ベテラン期に入ると、社内で置かれている立場や事情も人によって大きく異なるため、このような仕事環境であればキャリア充実度は高まりやすくなる、といったわかりやすいポジティブ要因は残念ながらないということです。

　一方で、「**仕事の意義を実感できない**」「**やらされ感が強い**」「**仕事の終わりが見えない**」「**やって当たり前だと思われる**」**の4つの要因が、ベテラン期のキャリア充実度にマイナスの影響を与えています。**自分の仕事にどのような「意義」があるのかを実感できないまま、「やらされ感」のもとで仕事をしていては、当然、キャリア充実度は高まらないでしょう。

　中堅期で「誰からもフィードバックをもらえなくなる」という課題を

取り上げましたが、その課題を放置しているとベテラン期になってもマイナスの影響をもたらし続けるということです。すでに一定の経験や知識・スキルを持ち合わせているため、上司や職場のメンバーは基本的に「任せる」というスタンスになります。ベテラン期になると上司が自分より年下になることも多く、相手がフィードバックを躊躇してしまうという構図が、この時期に特有の**「フィードバックレス」**という現象に拍車をかけます。

　また、ベテラン期になると、中堅期のように未経験の仕事やチャレンジングな課題に取り組む機会が減る傾向にあります。長年、特定の分野や業務について経験を積み重ね、その道の「エキスパート」として頼られるのは、もちろん素晴らしいことです。一方で、仕事に広がりがなく、同じような業務を繰り返していると、「やらされ感」が強まり、いずれ「仕事に飽きる」ことになりかねません。新たなことに挑戦する機会の欠如は「自分はもう期待されていない」という認識を生むこともあるでしょう。

　このように、新たなチャレンジが任されるわけでもなく、それなりに仕事はこなせるものの、周囲からのフィードバックもなければ、大きな期待を感じることもない――。そんな中で、ベテラン期の人事パーソンは、仕事の意義ややりがいを実感しづらくなっていきます。

③インプットが減って出涸らし状態になる

　ベテラン期にもなると、人事にまつわる知識やスキルを相応に培ってきていることでしょう。さまざまな経験を通して、人事の仕事で成果を出すための「持論（マイセオリー）」も形成していると思います。いくつかの分野や業務については「エキスパート」として、人事部内でも頼りにされているかもしれません。

　もちろん、これまで積み上げてきた経験や知識・スキルは、求められる場所で存分に発揮すべきですが、一方で、ベテラン人事パーソンが陥

りがちな課題に、**インプットが減って「出涸らし」のような状態で仕事をしてしまう**、ということがあります。

　出涸らしとは、お茶やコーヒーなどを、何度も煎じ出したり煮出したりして、味と香りが薄くなることを意味します。人事の仕事においても、一度身につけた知識やスキルをアップデートすることなく、会社や組織の現状に合わせてカスタマイズすることもなく、使い続け、効果もインパクトも薄くなってしまう、ということが起こりえます。

　第2章でお伝えしたとおり、人事の専門性のほとんどは「不変的」なものではありません。社会の変化、技術の変化、会社や組織を取り巻く経営環境の変化などに伴い、人事に求められる専門性も変化し続けています。人事パーソンは、新たな知識やスキルを絶えず「インプット」するとともに、それを実際の業務に活用したり、職場のメンバーに共有したりして「アウトプット」していかなければなりません。

　後ほど詳しく取り上げますが、私たちの調査においても、ベテラン期には、「インプット」と「アウトプット」を両立している人事パーソンのほうがキャリア充実度が高いことがわかりました。インプットだけでは仕事の成果や改善にはつながらず、アウトプットだけでは出涸らしになってしまいます。たくさんの経験を積んできたベテラン人事パーソンだからこそ、インプットとアウトプットのバランスが重要です。

　過去の経験や、そこで形成した持論だけで勝負していると、自分自身の幸福感も高まらなければ、成果を生むこともできません。インプットを軽んじて「出涸らし」の状態になっていないか、注意が必要です。

2) ベテラン期の課題を乗り越えるために

　ここまで、ベテラン期に陥りがちな課題を「①自分がここにいる意味を喪失してしまう」「②仕事の意義ややりがいが感じられなくなる」「③インプットが減って、出涸らし状態になる」の3つに整理し、それぞれ

について見てきました。

　それでは、これらの課題を乗り越えるために、ベテラン期にはどのような姿勢や考え方でキャリアを積み上げていけばいいのでしょうか。私たちの調査では、以下の4つのポイントが明らかになりました。

①自分で自分の仕事を「意味づける」
②「経営か社員か」ではなく「経営も社員も」
③インプットとアウトプットを「往還」する
④会社という枠組みを超えて「社会で活かす」

　以下、それぞれについて詳しく見ていきましょう。

①自分で自分の仕事を「意味づける」

　先ほど課題の2つ目として取り上げたように、ベテラン期は、仕事の意義ややりがいを実感できなくなり、キャリア充実度が低下してしまう傾向にあります。これを乗り越えるために有効な手段が、自分で自分の仕事を「意味づける」こと、つまり「ジョブ・クラフティング」です。

　図表68に示したのは、どのような職場での学習行動がベテラン期のキャリア充実度を高めるのかを分析した結果です。**職場においてジョブ・クラフティングを実践しているベテラン人事パーソンほど、キャリア充実度が高い**ことがわかります。自分の仕事の「意義」を感じづらくなるタイミングだからこそ、主体的に自分の仕事を見つめ直し、やりがいのある仕事に見立てる、という行動が重要と言えます。

　いくつか具体例を見ていきましょう。例えば、最前線に立って業務を遂行することは中堅や若手に任せ、自分はバックアップに回る、というのはわかりやすいでしょう。確かに、体力や気力の衰えもあり「第一線でプロジェクトをリードする」のは難しくなるかもしれません。そこで

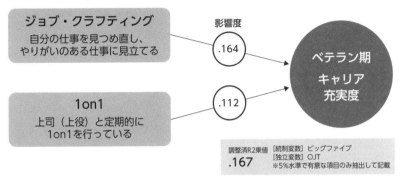

図表68 ベテラン期にこそ「ジョブ・クラフティング」が不可欠

「ベテラン期のキャリア充実度」を従属変数、
「職場での学習行動」を独立変数とした重回帰分析の結果

職場での学習行動

ジョブ・クラフティング
自分の仕事を見つめ直し、
やりがいのある仕事に見立てる

影響度 .164

1on1
上司（上役）と定期的に
1on1を行っている

.112

ベテラン期
キャリア
充実度

調整済R2乗値 .167　[統制変数] ビッグファイブ　[独立変数] OJT　※5％水準で有意な項目のみ抽出して記載

出所：田中聡・中原淳・日本の人事部（2022）人事パーソン全国実態調査

「もういいよ」と無気力モードになるのではなく、次の世代の「応援団」になる、というように自分の役割やスタンスを捉え直します。自分が持っている経験やノウハウを伝えたり、それらを活かして若手・中堅の仕事をサポートしたりすることが、新たな意義ややりがいにつながっていきます。

　ある企業では、「仕事の魅力について中学生に話をしてほしい」という地域からの要請に応え、シニア社員を講師として派遣しています。すると、仕事に対して意欲が減退しかけていたシニア社員が、生徒を前にすると自分の仕事の意義ややりがいを情熱的に語りかけるようになるのです。仕事の魅力を語るとなれば、ポジティブな側面に目を向けざるをえませんので、必然的に、自分の仕事を見つめ直す「ジョブ・クラフティング」になります。会社という枠組みを超えているという点では「越境」的な取り組みでもありますし、中学生という「届け先」のあるジョブ・クラフティングが実践できている事例です。

ジョブ・クラフティングを行うに当たっては、他者の視点を取り入れることも非常に有効です。先ほどの分析でも、**上司と定期的に「1on1」を実施しているベテラン人事パーソンほど、キャリア充実度が高い**ことが示されています。自分一人で抱え込むのではなく、積極的に他者からの意見やフィードバックを受け入れることが重要と言えそうです。

②「経営か社員か」ではなく「経営も社員も」

　若手期のパートで「人間の持つポテンシャルの大きさを実感するようになった」と「人間の負の側面に触れてしまった」という項目のギャップについて触れました。そこでも述べたとおり、若手期は、人や組織のネガティブな側面（＝ダークサイド）に目が向きがちです。

　その一方、図表56［再掲］に示すように、年齢を重ねるごとに、そのギャップは縮まっていき、40代後半を境に逆転します。すなわち、ベテ

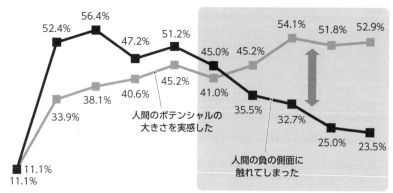

再掲：図表56 ベテラン期には人間のポジティブな側面が見えるようになる

最近1年間に人事業務を通じて成長を実感したこと

52.4%　56.4%　47.2%　51.2%　45.0%　45.2%　54.1%　51.8%　52.9%

33.9%　38.1%　40.6%　45.2%　41.0%　35.5%　32.7%　25.0%　23.5%

11.1%　11.1%

人間のポテンシャルの大きさを実感した

人間の負の側面に触れてしまった

20～24歳　25～29歳　30～34歳　35～39歳　40～44歳　45～49歳　50～54歳　55～59歳　60～64歳　65歳以上

出所：田中聡・中原淳・日本の人事部（2022）人事パーソン全国実態調査

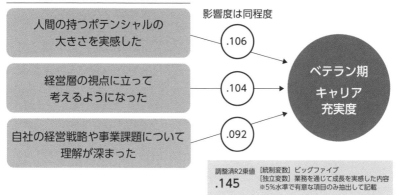

図表69 人間のポテンシャルの実感がキャリア充実度を高める

「ベテラン期のキャリア充実度」を従属変数、
「成長実感」を独立変数とした重回帰分析の結果

成長実感している内容

影響度は同程度

人間の持つポテンシャルの
大きさを実感した → .106 →

経営層の視点に立って
考えるようになった → .104 →

自社の経営戦略や事業課題について
理解が深まった → .092 →

ベテラン期
キャリア
充実度

調整済R2乗値
.145

[統制変数] ビッグファイブ
[独立変数] 業務を通じて成長を実感した内容
※5%水準で有意な項目のみ抽出して記載

出所：田中聡・中原淳・日本の人事部（2022）人事パーソン全国実態調査

ラン期になるほど、人や組織のネガティブな側面よりも、一人ひとりが持っているポテンシャルの大きさといったポジティブな側面を実感することが増えることがわかります。

　加えて、図表69に示すように、**ベテラン期には、人間のポテンシャルの大きさを実感している人ほど、キャリア充実度が高い、**という結果になりました。人（ヒト）という資源が持っている可能性や伸びしろは、豊富な経験とキャリアを積んできてこそ、実感を持って理解することができるのかもしれません。ベテラン期のキャリア充実のためには、人や組織のポジティブな側面に目を向けることが重要と考えられます。

　さらに、「人間が持つポテンシャルの大きさを実感した」という項目のほかに、「経営層の視点に立って考えるようになった」「自社の経営戦略や事業課題について理解が深まった」という項目も、ベテラン期のキャリア充実度に同じ程度の影響を与えていることがわかりました。

　これはベテラン期の人事パーソンに特徴的な傾向です。つまり、**「経**

営」の視点を持ち、自社の経営戦略や事業課題について学びを深めることと、それを実行する「人間」そのものに対する学びを深めること、という2つのベクトルの異なる学びがベテラン期には重要になるということです。

　社員と経営とは、よく対立概念として捉えられます。人事パーソンは「社員側なのか、経営側なのか？」という二項対立的な問いで自らの立場を問われることがよくあります。しかし、人事としての経験を積み重ね、充実したキャリアを歩んでいるベテラン人事パーソンほど、その問いがいかに愚問であるかを心得ています。つまり、人事にとって社員と経営は「どちらか」ではなく、「どちらも等しく重要である」と深く理解しているのです。

　すなわち、「経営か社員か？」というAorBの二分法ではなく、「経営も社員も」というAandBの発想で考えることが必要と言えるでしょう。

　繰り返しになりますが、人事のミッションは「人と組織の課題解決という手段を通じて、経営と事業の成長に貢献すること」です。そのために、ベテラン人事パーソンは、社員と経営層の架け橋となり、時に背反する両者の利害を調整し、組織を前に進めていくことが求められます。

③インプットとアウトプットを「往還」する

　人事パーソンの「職場外での学びの行動」に焦点を当てると、重要なのはキャリアフェイズによって力点を置くポイントが異なるということです。

　まず若手期には「経験学習」を基本としながらも、基盤となる理論や概念を積極的に「インプット」することが重要でした。次に、中堅期になると、学んだことを実際の業務に活かしたり、職場メンバーに共有したりするといった「アウトプット」が求められました。

　では、ベテラン期はどうでしょうか。図表70に示すように、**ベテラン期には、「人事に関する最新ニュースや注目ワードを常に情報収集して**

ベテラン期はインプットとアウトプットのバランスが重要

> 「ベテラン期のキャリア充実度」を従属変数、
> 「職場外での学習行動」を独立変数とした重回帰分析の結果

職場外での学習行動

インプット
人事に関する最新ニュースや
注目ワードを常に情報収集している

影響度
.150

アウトプット
学んだ知識は担当業務に
積極的に活用している
.102

インプット
他社の事例には
常にアンテナを張っている
.099

ベテラン期
**キャリア
充実度**

調整済R2乗値　[統制変数] ビッグファイブ
.154　[独立変数] Off・JT
※5％水準で有意な項目のみ抽出して記載

出所：田中聡・中原淳・日本の人事部（2022）人事パーソン全国実態調査

いる」「他社の事例には常にアンテナを張っている」などのインプット
に関する項目と、「学んだ知識は担当業務に積極的に活用している」と
いうアウトプットに関する項目の両方が、キャリア充実度を高める要因
になっていることがわかりました。

　つまり、ベテラン期においては、インプットとアウトプットのどちら
かに偏るのではなく、両者の学びをバランスよく実践できるかどうか、
が鍵になります。ただアウトプットするだけでは、課題の3つ目で述べ
たように「出涸らし」になってしまいます。一方で、インプットばかり
していても、仕事の改善や成果にはつなげることはできません。

　それでは、具体的にどのようにしてインプットとアウトプットを両立
すればよいのでしょうか？

　例えば、ベテラン期になると、これまで培ってきた人事パーソン同士
の関係性（ネットワーク）が武器になります。他社人事との日常的な交
流の中で、なかなか若手や中堅メンバーではリーチできないような他社

の事例を学ぶ機会も出てきます。そうしたベテラン人事パーソンの強み
を活かした学びを自社の人事施策に活かしたり、人事メンバーに共有し
たりすることによって、自分の強みを再認識し、職場内で自分の居場所
を確認できるようになります。

　また、学んだことを同僚や業界の仲間と共有することによって、良質
なフィードバックを得られるチャンスが広がります。他者からのフィー
ドバックによって固定化しがちなものの見方や考え方に揺さぶりをかけ
たり、これまでの知識を深めたりすることができ、学びのサイクルをよ
り豊かなものにすることができます。

　このように、ベテラン期の人事パーソンにとって、インプットとアウ
トプットの学びをバランスよく実践することは、自身の専門性を深化さ
せ、組織にとって価値ある貢献を続けるために不可欠です。

④会社という枠組みを超えて「社会で活かす」

　ここまで、本書では読者にとってわかりやすく読んでいただくために、
社内キャリアをどう歩んでいくのかという視点で話を進めてきました。
**しかし、人事パーソンの活躍の場は決して「会社の中」だけに限られる
わけではありません。自分が積み上げてきた経験や知識・スキルを「社
会の中で活かす」「社会のために活かす」という考え方もあります。**

　具体的な取り組みとしては、例えば、外部のセミナーや勉強会などに
登壇する「プチ兼業」がおすすめです。第2章で述べたように、人事の
領域では、各社の成功事例などが盛んに情報交換されています。自分の
キャリアを棚卸しして、積み上げてきた経験やスキル・ノウハウを他者
に伝えることは、社会のために活かす効果的な方法の一つです。

　また、会社以外で考えると、地域などのコミュニティで「活かす」と
いう方法もあります。人事の仕事をする中で身につけた「コーチング」
や「キャリアカウンセリング」といった技法は、企業の人事という局面
に限らず、さまざまなコミュニティにおいて「他者を応援する」ために

活用することができるでしょう。そのようにして「居場所を複数持つ」ことは、職業人生という枠組みだけではなく、人生全体をより充実させるという意味でも大切です。

さらに言えば「転職」という選択肢もあります。かつては「35歳転職限界説」と言われた時代もありましたが、昨今では、ミドル層以上、40〜50代での転職も当たり前になってきています。厚生労働省「労働力調査」によれば、45〜54歳の転職者は、2013年からの2023年までの10年間で約1.4倍（40万人→57万人）に増加しています。55歳以上における転職においてもほぼ同様の割合で増加している傾向が示されており、転職における年齢の壁は薄れてきていると言えるでしょう[36]。

ベテラン人事パーソンにとって「転職」が一つの選択肢になる中、これまでのキャリアを通じて得た知識やスキルのうち、何が必要とされているのか、他社でも通用するのかを棚卸ししてみるとよいでしょう。今の会社で行き詰まっているなら、思い切って「居場所を変える」というのも有効な手立てです。

最後に、成人発達の観点から見ても、人の能力は、45歳以降、すぐに落ちるものではありません。20代の頃の伸びしろとは比較できないかもしれませんが、何歳になろうと能力を伸ばすことは可能です。仕事人生が長期化する中、もし現在45歳だとしたら、ゴールまではあと20年もあるのです。

ベテラン期にいたって、「停滞感」に見舞われたとしても、諦めないで学び続けてほしい——。それが筆者の思いです。

---

36) 厚生労働省（2024）「令和5年 労働力調査年報」
　　［URL］https://www.stat.go.jp/data/roudou/sokuhou/nen/dt/pdf/gaiyou.pdf

　第3章では、人事パーソンのキャリアを「若手期」「中堅期」「ベテラン期」の3つに区分し、それぞれのフェイズにおいて直面しがちな課題と、それを乗り越えるための意識や行動について論じました。

　学び編に続き、本章でもチェックシートをご用意しました。ぜひご自身のキャリアへの向き合い方について振り返ってみましょう。また、マネジメント層の皆さんは、ご自身の組織や職場において、これらを踏まえたキャリア支援ができているかについても考えてみてください。

快晴：とても当てはまる　晴れ：やや当てはまる　曇り：あまり当てはまらない　雨：まったく当てはまらない

		☀	🌤	☁	☂
若手期	自分の仕事について、工夫や改善できることがないかを考えている				
	自分の仕事が従業員の成長にどう貢献しているのかを認識している				
	自分の仕事が会社の成長にどう貢献しているのかを認識している				
	人事に関する最新ニュースや注目ワードを常に情報収集している				
	専門的な知識を学ぶために人事関連の専門書や論文を読んでいる				
	政府の方針や政策の動向から世の中の大局を掴むことを意識している				
	自社の経営・組織に活かすことを意識したインプットを行っている				
中堅期	自分が手がけた制度や施策に対する社員の声(評価)を収集している				
	上司や同僚にフィードバックを求めている				
	上司やメンターと定期的なミーティング（1on1）を実施している				
	手に入れた情報や知識を担当業務に積極的に活かしている				
	手に入れた情報や知識を職場のメンバーに積極的に共有している				
	外部の勉強会やイベントに自主的に参加している				
	社内の他部署との情報交換や連携プロジェクトを行っている				
ベテラン期	自分の仕事の意義Сや やりがいを見つめ直している				
	自分の持っている経験やノウハウを若手や後輩に伝えている				
	他者からの意見やフィードバックを自分から求めにいくようにしている				
	人という資源の可能性や伸びしろを前向きに捉えている				
	経営層の視点を想像して、経営戦略や事業戦略を理解するようにしている				
	経営と従業員のいずれかに偏らず、双方の成長や利害を考えている				
	人事関連の情報や他社事例を集め、職場メンバーに共有している				
	自分の経験やノウハウを社外や地域でも活かすようにしている				

ジョブ・クラフティングを実践しよう！

　近年、人事領域において、仕事のやりがいや生産性を高める手法として、「ジョブ・クラフティング（Job Crafting）」が大きな注目を集めています。

　ジョブ・クラフティングとは、簡単にいうと、**「自分の仕事を見つめ直し、自分にとってやりがいのある仕事に見立てる行動」**です。自ら主体的に「仕事の意味づけを行うこと」と言ってもいいでしょう。

　たかが意味ですが、されど意味です。人間という生き物は、自ら「意味」を見出せないものに、長い間、心血を注いで働けるほど、強いものではありません。主体的に働き続けるためには、そこに「意味」が見出せなければならないのです。

　第3章で述べたとおり、私たちの調査でも、若手期・中堅期・ベテラン期を問わず、職場においてジョブ・クラフティングを実践している人事パーソンほど、キャリア充実度が高いことが明らかになっています。ジョブ・クラフティングは、人事パーソンのキャリアを充実させるために必要不可欠な学習行動と言えるかもしれません。

　第3章でもいくつかの例を取り上げましたが、このコラムでは、読者の皆さんの実践を後押しするために、ジョブ・クラフティングの意義やアプローチについて、より詳しく掘り下げていきたいと思います。

ジョブ・クラフティングとは？

　ジョブ・クラフティングは、アメリカのイェール大学経営大学院のエイミー・レズネスキー准教授と、ミシガン大学のジェーン・E・ダットン教授が提唱した理論です。2001年の論文では、**「従業員が、自分にとって個人的に意義のあるやり方で、職務設計を再定義・再創造するプロセス」**と定義されています[37]。

Column

　この定義だけでは、ジョブ・クラフティングがいかなる実践なのかを掴むことが難しいかもしれません。ここでは、もう少し理解を深めるために、WEBサイト『日本の人事部』の「人事辞典 HRペディア」における解説を引用したいと思います[38]。

　「ジョブ・クラフティング（Job Crafting）」は、従業員一人ひとりが仕事に対する認知や行動を自ら主体的に修正していくことで、退屈な作業や"やらされ感"のある仕事を"やりがいのあるもの"へと変容させる手法のこと。会社や上司の指示・命令ではなく、働く人々が自分自身の意思で仕事を再定義し、自分らしさや新しい視点を取り込んでいくことで、モチベーションが高まり、パフォーマンスの向上につながるという考え方です。

　解説にもあるとおり、ジョブ・クラフティングにおいては、従業員一人ひとりの「主体性」が重要です。従業員を「受け身」の立場として捉え、組織やマネジャー側が仕事のアサインを工夫する「ジョブ・デザイン」の考え方とは異なり、従業員一人ひとりが自ら主体的に、仕事に対する認知や行動を変えていく、というところに特徴があります。
　やらされ感で取り組むのではなく、自分自身で仕事の方法や進め方を工夫したり、周囲との関わり方やコミュニケーションのとり方を変えたり、意義ややりがいを捉え直したりすることによって、仕事のパフォーマンスや生産性が高まることが、複数の研究で実証されています。

---

37) Wrzesniewski, A. & J. E. Dutton（2001）Crafting a Job: Revisioning Employees as Active Crafters of Their Work. Academy of Management Review. 26（2）, p179-201.
38) 『日本の人事部』人事辞典 HRペディア
　　［URL］https://jinjibu.jp/keyword/

ジョブ・クラフティングの３つのアプローチ

　ここからは、日本のジョブ・クラフティング研究の第一人者である高尾義明氏と森永雄太氏の共著『ジョブ・クラフティング：仕事の自律的再創造に向けた理論的・実践的アプローチ』（2023年、白桃書房）を引用しつつ、具体的なアプローチを紹介していきます[39]。

　ジョブ・クラフティングは「①タスク境界の変更（タスク・クラフティング）」「②関係性境界の変更（関係性クラフティング）」「③認知的なタスク境界の変更（認知的クラフティング）」の３次元構造を持つものとされています。この３つの「Crafting（自分なりに一工夫をして意味を見出すこと）」について、それぞれ見ていきましょう。

①タスク・クラフティング（仕事内容の一工夫）

　１つ目は「タスク・クラフティング」です。これは「具体的な仕事の内容や方法を変更すること」（高尾・森永、2023）を指します。業務の量や範囲、進め方などを変えるという工夫です。

　例えば、本書の第１章で「エンドレスワーク」と「社内ぼっち」の解決方法として取り上げた「人事課題の優先順位づけと人事施策の取捨選択」は、まさにタスク・クラフティングの一つと言えます。次々に生まれ続ける課題にただ追われるのではなく、今、何に取り組むべきなのかを見極め、経営・現場により大きなインパクトを与える課題解決に注力することは、自分自身の仕事のやりがいを高めることにもつながります。

②関係性クラフティング（他者への関わり方の一工夫）

　２つ目は「関係性クラフティング」です。これは「他者との関係性を増やしたり、その質を変えたりしていくこと」（高尾・森永、2023）を指します。仕事で関わる人との接し方やコミュニケーションのあり方

39）高尾義明・森永雄太（2023）『ジョブ・クラフティング：仕事の自律的再創造に向けた理論的・実践的アプローチ』白桃書房.

Column

を見直し、関係性を変えるという工夫です。

　私たちは日々の仕事を無意識にこなしていると、関わる人間関係が固定化しがちです。固定化された人間関係のもとでは得られる情報や刺激は限られてしまいます。だからこそ、仕事で関わる関係性を定期的に見直し、必要に応じて社外のコミュニティに参加するなど、新たな関係性を意識的にデザインすることが重要です。

　また、関係性クラフティングは、単に社外に越境して新たな関係性をつくり、そこから新たなインプットを得るというだけではありません。

　例えば、第3章で中堅期のキャリア充実度を高めるためのポイントとして取り上げた「知識やスキルのアウトプット」も、関係性クラフティングの一つになりえます。管理職やリーダーといった立場になる中堅期には、自分が外部で学んだ知識やスキルを「自分だけの学び」にするのではなく、「職場のメンバーにも共有する（お裾分けする）」というチーム意識を持つことが重要だと述べました。自分だけではなくチーム全体の成果を意識して、関わり方を変えることによって、組織に貢献するとともに、自らの仕事や学びのモチベーションにもつながります。

③認知的クラフティング（仕事の捉え方の一工夫）

　3つ目は「認知的クラフティング」です。これは「個々のタスクや仕事全体について自分がどのように捉えるかを変えること」（高尾・森永、2023）を指します。仕事の目的や意味づけを捉え直し、自分自身のやりがいや周囲にとっての価値を見出すという工夫です。

　第3章で取り上げたいくつかの事例はまさに認知的クラフティングに当てはまります。例えば、若手期は、人や組織の「ダークサイド」に飲まれないために、人事の仕事のポジティブな側面にも目を向けることが重要だと述べました。自らの仕事が組織や従業員に与えるよい影響や成果を見つめ、仕事の意義ややりがいを見出すことは、まさしく認知的クラフティングの一つです。

ベテラン期においても、「ジョブ・クラフティング」は重要な要素でした。最前線に立って業務を遂行するような機会が少なくなる中で、次の世代の「応援団」というように、自分の役割やスタンスを捉え直す事例を紹介しましたが、これもまた認知的クラフティングです。

ジョブ・クラフティング・ワークシート

　ここまで「ジョブ・クラフティング」の意義やアプローチについて述べてきました。このコラムでは、最後に、ジョブ・クラフティングを実践するための簡単なワークシートを紹介します。

　図表71にワークシートと記入例を掲載しています。ワークシートの縦軸は「タスク・クラフティング」「関係性クラフティング」「認知的クラフティング」の3つのアプローチ、横軸は「Before（現状）」と「After（行動目標）」になっています。3つのクラフティングのそれぞれのアプローチで、「現状はどうなっているのか」と「今後、どんな行動や働きかけをしていくのか」を書き出してみましょう。

　また、ワークシートの下段には「半年後に見たい光景」という欄があります。上述の「After（行動目標）」を実践することで、半年後にどのような状況や成果が生まれているのが理想なのか、できるだけ具体的な「光景（シーン）」を想像して書き出してみましょう。

　繰り返しになりますが、ジョブ・クラフティングは、人事パーソンのキャリアを充実させるために不可欠な要素です。ただ知識として学ぶだけではなく、ぜひご自身でも実践していただきたいと思います。

Column

図表71 ジョブ・クラフティング・ワークシート

	Before（現状）	After（行動目標）
タスク・クラフティング		
関係性クラフティング		
認知的クラフティング		

半年後に見たい光景	

※記入例

	Before（現状）	After（行動目標）
タスク・クラフティング	研修の効果測定ができていない。学んだことが実施されているのか、職場の変化につながっているのか、自分の仕事の成果が見えない。	研修実施後3か月のタイミングで職場での実践度合いや課題を尋ねるアンケートとヒアリングを実施して、研修の成果を「見える化」する。
関係性クラフティング	新任マネジメント研修の内容を10年近くアップデートしていない。管理職の声や課題を聞く場もない。	次期マネジメント候補の不安、管理職1年目が感じている課題や事前に学んでおきたかったことを直接ヒアリングする機会を設ける。
認知的クラフティング	自分がメイン担当ではない研修の事務運営の手伝いに駆り出され、忙しいのに……と不満を感じる。	自分が担当している研修の内容やファシリを見直す機会だと捉える。よい点や改善点のうち必ず一つは次の研修に反映するようにする。

半年後に見たい光景	自分が担当した研修に関して、現場からの感謝の声（行動が変わった、課題や悩みが解決した、など）が集まっている。現場の管理職とのつながりができ、向こうから相談が寄せられている。

Interview

**人事は経営層のパートナー。
「言われたから動く」だけでは、
パートナーとしての価値を届けられない。**

ユニリーバ・ジャパン・ホールディングス合同会社
人事総務本部長

バスマジェ 詩織さん

> 上智大学法学部卒業。ユニリーバ・ジャパンに入社後、新卒採用担当
> として通年デジタル採用や高校生インターンシップなどの新しい取り
> 組みに従事したほか、ED&I担当として「ユニリーバ・ジャパン・プ
> ラウド」を始動。産休・育休を経てHRBPとして復帰後はさまざまな
> プロジェクトに関わり、2022年7月より現職。

Q 若くして人事総務本部長というポジションに就いたのですね。

新卒で入社して12年目でした。グローバルで見ても、ユニリーバで
最速だったようです。私の計画では、前任の島田さん（ユニリーバ・ジ
ャパン・ホールディングス株式会社 前人事総務本部長 島田由香氏）が
38歳でこのポジションについていたので、37歳を目指そうと思ってい
たのですが、計画が5年ぐらい前倒しになりました（笑）。

当時はHRBPとダイバーシティを担当し、プロジェクトリーダーの仕
事を2つ兼務していました。まず、HRBP領域では、営業とマーケティ
ングの2部門を担っていました。また、プロジェクトについては、
2021年に紅茶事業の売却を行ったのですが、日本での事業譲渡のプロ
ジェクトリーダーなどを担当していました。その当時が一番忙しかった
と思います。日々のBP業務を回しながら、プロジェクトを取り仕切ら

なければなりませんでしたから。

　そんな渦中に人事総務本部長を拝命したことになります。上司に呼ばれたときには、そういう話だとはまったく思っていなかったので、驚きました。

Q これまでのキャリアを振り返っていただけますか？

　ユニリーバには営業職で入社し、まず、小売店のレジデータの分析などに携わりました。売上の推移を見ながら商品の棚の構成を変えたり、市場がどういうふうに伸びていくかを予測したりするなど、アナリストのような仕事です。次に、ショッパーマーケティングという購買者を対象とするマーケティング施策を担当。ドラッグチェーンの専売品をつくる仕事などをしたのち、外勤営業となりました。その後、社内公募制度で手を挙げて、人事に異動しました。

Q 営業から人事への異動はよくあることなのでしょうか？

　私が初めてのケースです。もともとユニリーバに入った時点ではやりたいことがまったくわからなくて、5年以内に自分のやりたいことを見つけようと考えていました。営業の仕事をやりながら、どんなときに自分の気持ちが動くかとか、達成感を感じたタイミングでは何がトリガーになっていたのかをメモにとり、それを定期的に振り返っていました。

　3年目ぐらいに、もしかしたら自分がやりたいことは営業ではなく、人に関わる仕事ではないか、と思い至ったのです。人が働く環境について、その土台や仕組みといったベースから携わりたい、という気持ちになりました。

Q 異動の希望はすぐに叶ったのですか？

　営業から人事に行くというルートは、社内にはありませんでした。ユニリーバはジョブ型雇用ですし、人事の領域はセンシティブな内容も多

いので、気軽に行ったり来たりできるような部門でもありません。社内公募制度がありましたが、未経験ということで、何度も落ちました。

　そこで実力行使をしました。たまたま社長と同じ日に大阪に出張することがあり、社長に「飲みに連れていってください」と頼みました。そして、「自分はどうして人事になりたいのか」「人事になって、会社をどのように変えたいと思っているのか」といったことを熱弁しました。

　社長が「これだけ強い思いを持っているのだから、チャンスを与えてみよう」と言ってくれて、お試し移籍のような感じで、新卒採用のアシスタントを担当することになりました。半年ぐらいして、そのロールがたまたま空くことになったので、社内公募を受け直してついに合格し、晴れて人事へと異動できました。長い道のりでした。

Q 今チャレンジされているのは、どんなことでしょうか？

　人事の仕事は、一瞬一瞬で課題が変わっていきます。そのため、特定の課題やチャレンジがあるというよりも、ずっと変わり続けることが最大の課題だと思っています。世の中の動きや人の気持ちを、いかに早く捉えて落とし込んでいくか。また、課題にいかに瞬時に対応していくか。日々オンゴーイングで、ずっと課題と向き合っている感覚があります。

Q さまざまな課題を解決するときに、どのような考え方や姿勢で向き合っていますか？

　私がメンバーだったときと今とでは、少し変化があったと思います。メンバー時代はある意味、人事をやったことがないことが私の強みでした。経験のある人事の方が考えている常識から一歩外れて、一般人としての目線で物事を捉えて対応しようと、自分の感覚をフルに活かして仕事をしていました。

　特に最初に担当した新卒採用では、入社して3年目くらいで就活生と感覚が近いところだったので、「自分が就活のときに感じていた悩みは

何だったか」という仮説から入りました。

　例えば「大学3年生の10月にならないと、就活してはいけない」「採用してもらうためにみんなが黒いスーツを着て、黒い髪になってわざわざ個性を消す」といったことへの違和感や、「高校生のときにもっと社会のことを知っていたら、大学選びにも影響があったのではないか」といった疑問を、新しく入社した人や内定者などに壁打ちをして、「やっぱりおかしいよね」と確認するという、草の根運動のような人海戦術的アプローチをとっていました。

　その後、大学1年生から、また卒業後3年までは入社試験を受けられるようにして、通年採用で「いつでもどこでも受けられる」仕組みに変えました。ユニリーバはトレンドを追っていかなければいけませんが、トレンドの最先端は女子高生からつくられているので、高校生インターンシップを始めたりもしました。

　そのほかには、同性愛者でパートナーがいるという友達から「すごく生きづらい」という話を聞いて、どんな課題が世の中にあるのかを調べ、ダイバーシティ担当に手を挙げて、同性パートナーや事実婚のパートナーも法律上の配偶者と同等に扱う福利厚生制度をつくったりするなど、原体験ベースで人に聞いて対応することを続けてきました。

　そこから管理職になり、今の役職に就くと、もう若い世代とは感覚も少しずつ変わってきています。見える世界も変わってきているので、社外の方からの情報をもとに、いま何が起きているのかを知るように努めています。

Q **新しいチャレンジのため、どのように学んでいますか？**

　ユニリーバは、190カ国でビジネスを展開しているので、そのことに詳しそうな人にコンタクトします。社内ネットワークをフル活用する、ということですね。そこから、例えば「コンサルの人を紹介してあげるよ」とか「この大学に顔を出してみたら」などと遠くにいる人につなげ

てもらうこともあります。

　また、私はユニリーバしか経験がないので、ユニリーバを卒業していった人たちとずっとつながるようにしていて、人事卒業生とか、自分で会社を経営している人などに声をかけて、「最近どんな課題に取り組んでいるの？」といった話をしたりしていますね。

　最近退職された人の中に、学びにすごく貪欲な人がいるのですが、ほぼ毎週のペースで「こんな記事を見つけました」「この本が面白かったです」などと情報を送ってくれます。

Q 1日のスケジュールで工夫していることはありますか？

　朝、娘を保育園に送るのは夫で、夜のお迎えは私が担当しているので、朝は比較的時間があります。

　通勤しながら、ヤフーニュースやX（旧Twitter）のトレンドを一通り見ます。TikTokも海外のニュース番組のダイジェストがあり、15秒や30秒でニュースを把握できるのがありがたくて、よく活用しています。若者の動向などを検索していくと、海外のHRトレンドや雇用の話などを、個人が上げたりしています。そういう情報も結構見ていますね。

Q 経営陣からの課題に対して、自分の中に答えがない場合、どのように課題解決に取り組みますか？

　例えば、社長から何かを言われたとき、その意見が正しいとは限らないと思います。まずは「なぜそこに至ったのか」についてディスカッションして、ファクトチェックするところから始めることが多いですね。

　なぜ社長がそう感じたのか、世の中の潮流とそれが合っているのか、本当に社長の周りの人がそう思っているか、といったことを確認しながら、社外の人事の人に「今こういう課題があるんだけど、解決のために何かやったことはある？」と聞いたり、自分のチームに「何か面白いアイデアはある？」と聞いたりしていますね。

「言われたからやる」という動き方だと、一貫性も保てません。モノやお金なら「やーめた」とできるかもしれませんが、人に関することは、一回「やる」とコミットしたら、やり続けなければいけませんし、思いつきだけでやると難しいことは多いと思っています。一方で、「お試しでやってみよう」ということもありますが、その場合もやはり社長の意見がすべてではなく、必ず自分の見方や意見を持って、納得してからやっています。

Q ご自身の腹落ち感、納得感をすごく大事にされているんですね。

そうですね。人事は経営層のパートナーと思っているので、「言われたから動く」だけでは、パートナーとしての価値を届けられないと思っています。

経営トップが何かを言うと、みんながやってくれます。日々の業務では、フィードバックを得られないことも多いと思うのですが、人事周りについては私がプロフェッショナルですから、「今おっしゃったことの意味はわかりましたが、逆にこういうアプローチではいかがでしょうか」と提案で返すことが多いかもしれません。

Q 人事は経営のパートナーという認識はいつ頃持ちましたか?

人事は経営のパートナーであるという自覚は、おそらく、元からあったと思います。ユニリーバはジョブ型雇用で、ジョブとしてプロフェッショナルになっていくという仕事の仕方、キャリアの積み方をしていますので、「人のことは人事に任せるのが一番だな」と思ってもらえる人事パーソンになりたいと思っていました。

ビジネスパートナーのロールになって、それがより強くなったかもしれません。ビジネスパートナーは、ともすると伝書鳩のようになってしまいがちです。経営側が「こういうことがやりたい」と言ったことに「わかりました」と応えて、執行する。私も最初はそのように動いてい

たこともあったのですが、「私は何か価値を追加できているのか」と考えたとき、「全然できてない」と思いました。

　私のHRBPとして初めての仕事は、営業本部長を60歳の男性から30代の女性に代える、という大変革でした。日用品業界には、日本の伝統的な価値観を持っている方も多くいらっしゃいます。そんな中、女性で、しかも30代で営業部門のトップになることは、すごくインパクトがあったんです。

　その方も初めてで、どうやっていけばいいのかという悩みがあったのですが、私はまったく彼女の助けができていない、と感じました。そこで、腹を割って話をして、人事パーソンとして何ができるのかを一緒に考えました。営業部門のリーダーシップチームを大きく変革したり、組織の体制を大きく変えたり、徹底してやりました。

　私も経験がないから聞くしかなかったので、1対1で向き合って話し合い、動いたことで、彼女には大きな変化が見られました。また、私自身もすごく変化しました。これがビジネスパートナーなんだと実感しました。今でも彼女とは、悩みを相談し合う関係性です。

　それが原体験になっているように思います。そこからいろいろな部署を担当しましたが、オープンに自分の弱みや強みを見せ、相手の弱みや強みもしっかりと把握してコーチングする、という姿勢に変わって、今でも続いています。

Q 人事の専門性とは何か、と若手から聞かれたとしたら、どのように答えますか？

　まず極論を言うと、会社がちゃんと機能していれば人事は要らないと思っています。自分たちでできるなら、人事のコストをかけなくてもいいと思うんです。

　では、どうして人事が必要かというと、モノ・カネ・情報・人と、会社をつくる要素がある中で、人だけは本当にどんどん伸ばしていくこと

ができますし、そこを深掘りしていく人がいることで、会社が成長していけます。だから、人事は一番可能性がある要素への投資だと思います。

人事に必要なスキルは多様です。いくらやっても褒められることはなく、間違えたら徹底的に叩かれることも多い仕事で、当たり前のことを当たり前にやらなければならない。

そのうえで、世の中で最も臨機応変でなければならないのは、人事だと思っています。人は一人ひとりがまったく違いますし、違う個性が同じ方向を向いて会社としてやっていくことは、かなり難しい奇跡のようなことです。だからこそ、一人ひとりに対して臨機応変に対応していかなければいけません。組織もそれぞれの色がありますが、会社として統一感を持ってやっていく必要があります。

最近、「この育成プロジェクトを一緒に考えましょう」といったように、他部署の人をプロジェクトに入れたりしています。すると「人事って本当に難しいですね」と言われます。

人口不足が、ダイバーシティが、AIが、海外が、戦争が——と、いろんなことに人事はどんどん対応していかなければいけません。オープンマインドでないと、組織が取り残されて、負けてしまいます。そのため、人事は究極にアジリティが試される仕事だと思っています。

Ｑ 人事部門のマネジメントで意識されていることはありますか？

人事は人に関することが専門で、ビジネスから離れていると思われがちですが、ビジネスを理解していないと課題解決できないので、人事こそビジネスを理解していなければいけません。ビジネスの方向性と課題を理解しているから、こういう人材戦略を描こうとか、こんな組織構成にしようとか、人件費はこのぐらいにしようといった解が出てくるわけです。

私は人事向けにも、ファイナンスの担当者を呼んで、勉強会を開いてもらっています。また、ビジネスプロセスの講義に出てもらって学んだ

ことを共有することや、営業やマーケティングについて、当該部署に足を運んで話を聞いて、理解したことを発表してもらう、ということも、人事部門で行っています。

　現場の知識があると、例えば全社会議で発表された経営戦略の背景がわかります。それまでは何となく聞いていたものが自分ごとになっていくのです。他部署の協力も得ながらですが、「人事もビジネスパーソンであることを意識してね」「いつも売上を上げられる人事でいようね」と、スローガンみたいに言っています。

　人が成長することは売上に一番直結するので、人事の私たちが売上に貢献している感覚を持たなければいけない、ということです。

　売上を上げるというのは、一番わかりやすい目標だと思います。人事が目標に敏感であることで、経営層の言語も共通化しやすいでしょう。

　例えば、ある部門の売上が伸び悩んできたときに、「チーム編成をこう変えませんか」と言えますし、他国でECがチャネルとしてすごく伸びているのに日本はまだ伸び悩んでいるとしたら、「ECのチーム変革をしませんか」と提案できます。「ECを伸ばしたいね」「はい、わかりました」ではなく、共通の言語を持つことがパートナーとしてすごく大事だと思います。

田中聡・中原淳の注目ポイント

　まず**「社内のグローバルネットワークをフルに活用する」**というところがバスマジェさんの特徴だと思います。人事は、必ずしも社内の一人ひとりをよく知っているわけではありません。知った気になっていても、半年も経てば相手も自分も別人になっている可能性があります。常に社内のネットワークをフルに活用し、退職された方からも刺激や学びを得ようとされています。**経営層も別部署の人もパートナーとして捉えられていて、シームレスに垣根を超えている**ところが特徴的です。

　また、「人事は世の中で最も臨機応変でなければならない」というお話がありました。社員に学べ・変われと言うのであれば、まず人事である自分たちが変わっていかなければなりません。バスマジェさんのインタビューでは、「変わる」ことへの強い意識を感じました。

　人事の「専門性」の議論にもなると思いますが、時流によって、自社の状況によって人事のテーマは変わっていきます。そのため、常にインプットし続け、アウトプットし続けることが大事です。**「人事パーソンに必要なスキルは何か？」などと悩む時間があるなら、目の前の課題に向き合って、必要なことを学び、アウトプットすることに注力すべきだ**と思います。おそらくバスマジェさんは「人事の専門性は何か？」というような問いに悩むことはないでしょう。

　もう一つ、**「経営者が言うから正しいとは限らない」**という言葉に注目したいと思います。経営・現場に資することを考えると、ともすると、「経営者・現場に話を聞け。そこに答えがある」という考えに陥りがちです。しかし、それらは一つの意見・見方であって、常に正しいわけではありません。だからこそ、ディスカッションやファクトチェックをしながら、「何が本当に正しいんだろう」と批判的な思考を巡らせることが重要です。**「『言われたから動く』だけでは、パートナーとしての価値を届けられない」**という言葉からは、そういう姿勢を強く感じます。

人事パーソン・インタビューを通して

　人事パーソン・インタビューはいかがでしたか？　実際に企業で活躍されている５人の人事パーソンのお話からは、さまざまな学びや刺激が得られたのではないかと思います。

　ここでは最後に、筆者の田中聡・中原淳と、『日本の人事部』編集長を務める長谷波慶彦による鼎談形式で、人事パーソン・インタビューを通して感じたこと、考えたことを語っていきます。

オンゴーイングに挑戦し続け、学び続ける

中　原　　本書で繰り返し述べてきたように、私たちが生きる現代は「人事の
　　　　　時代」、いえ、より正確には「個々の人事パーソンの時代」です。

　　　　　インタビューに協力いただいた５人の方は、オンゴーイング（現在
　　　　　進行）でチャレンジし続け、学び続けています。それぞれ部門長やマ
　　　　　ネジャーといった重要なポジションに就いていますが、自分が「上が
　　　　　リ（ゴール）」だという意識はまったくなく、最前線でリーダーシッ
　　　　　プを発揮し、人と組織の課題解決に取り組まれています。

　　　　　かつて、私が人事領域の研究を始めた四半世紀前は、人事部長など
　　　　　の役職に就いている方の中には「上がった人」も多数おられました。
　　　　　実務については若手や中堅に任せていて、普段はハンコを押すことが
　　　　　仕事で、ときどき説明会やセミナーの場に出てきて「うちの会社の人
　　　　　材育成の指針は『社員の志』に火をつけることです」みたいな解像度
　　　　　の低い話をする。

　　　　　この例はやや極端かもしれませんが、人事の仕事を「KKD（勘・
　　　　　経験・度胸）」で乗り切り、その先にある「上がり」のポジションが
　　　　　人事部長であった会社は少なくないと思います。

　　　　　人事リーダーのあり方も、この20年ほどで大きく変わりました。
　　　　　５人のインタビューでも、自らが常に挑戦し続け、学び続けるという
　　　　　姿勢が印象的です。彼・彼女らのようにオンゴーイングで取り組み続

ける姿勢があれば、この「人事の時代」において、貢献を果たせるで
しょう。

長谷波　『日本の人事部』では2024年4月から、次世代のCHROを目指す
方々が実践的に学ぶ「CHRO養成塾」を開催しています。当初は塾生
10人程度を想定していたのですが、約60人の方にお申し込みいただ
くなど、反響は大きかったですね。

　　　しかも、申し込まれた方の大半は人事部長クラス以上で、現役の
CHROや人事歴約30年というベテランもいらっしゃいました。企画
した当初は、若い方からの申し込みが多いだろうと考えていたので、
大変驚きました。現在は20名の方が塾生として学んでいます。挑戦
し続け、学び続ける方が多いことを実感しているところです。

中　原　最近では、大企業で人事部長をやって、次にもう少し小さい会社で
育成の責任者を務める、というような「ネクスト・キャリア」に進む
人が増えていますね。仕事人生が長期化し、「上がれない時代」「上が
りがない時代」とも言えるかもしれません。

真剣に学んでみると、自分がいかに知らないかに気づく

田　中　学び続ける背景には、「一度学び始めたら、学びをやめられなくな
る」という側面がありますよね。特に、この「人と組織」という分野
は、ちょっとでも真剣に学んでみると、自分が「いかに知らないの
か」「いかにわかっていないのか」ということに気づかされます。そ
うした気づきが、そこからさらに学んで、わからないことをわかるよ
うになりたい、という動機につながります。

　　　よく学んでいる人ほど「まだまだ学ばないといけない」という意識
が強くて、まったく学んでいない人ほど「自分は大丈夫」と思ってい
ることが多いものです。こうして働く大人の「学習格差」はどんどん
広がっていきます。これは「学びのパラドックス」と言えます。

中　原　いわゆる「無知の知」ですね。学ぶことによって、自らの無知に気
づき、だからもっと学ぼうという気持ちになります。逆に、学ばない
人ほど「自分は知っている」と思って学びをやめてしまいます。

田　中　「人を知る」「組織を知る」ということが、本当のところどういうこ

となのか、本質的な理解は難しいですよね。お話をうかがった5人の方は、そういうことを肌で感じているからこそ、常に知的に謙虚に学んでいらっしゃるのかなと思います。学びを続けているからこそ、知らなければならないことの広さや知の奥深さに気づくのでしょう。

しかし、そこには義務感や悲壮感が感じられません。むしろ、学びを探究するプロセスを誰よりも楽しんでいる様子がとてもよく伝わってきました。

もう一つ、5人に共通しているのは、「ボーダーレス」に学んでいることです。その時々の必要性と関心に応じて、経営戦略も学ぶし、ファイナンスも学ぶし、テクノロジーも学ぶ。そのように「学ぶ対象」に境界がありません。

また、「何から学ぶか」についても、人から学ぶ、本から学ぶ、過去の資料から学ぶ、WEBから情報を得る、勉強会に参加する、というように多種多様なメディアや学びの機会を活用しています。

そこには、あらゆるものを学びの素材と捉えて、いかにそこから吸収するかと考える発想があるように思います。近年は「ジョブ・クラフティング」が注目を集めていますが、同じように、**自らの学びのスタイルをクラフトしていくこと、言うなれば「ラーニング・クラフティング」が大事になるのではないでしょうか。**

経営の「パートナー」になるということ

中原　インタビューでは、「経営パートナー」としての人事と、「黒子」としての人事という2つの観点がありましたが、両者は決して矛盾しているわけではないと思います。

人事は「CEO」にはなれないけれど、CEOの「良き相談相手」にはなることができます。次から次へと出てくる人と組織の課題に対しては、経営者も答えを持っておらず、迷いがちだと思います。人事パーソンは経営者と一緒に悩んだり考えたりする人になればいい。

表に出ないという意味では「黒子」かもしれませんが、そうした役割はまさしく「経営パートナー」とも形容できます。そういう意味でも、人事パーソンの活躍の幅は、今後ますます広がっていくように思

います。なぜなら、この国は今、人手不足のまっただ中にあり、人と組織の課題が日々「順調に」生まれているのですから。

田中　今回、インタビューの中で、「経営者が常に正しいとは限らない」「経営層も明確な答えを持っていない」という語りがとても印象的でした。つまり、経営者から「正解」を引き出そうとするのではなく、経営者との対話の中で、「うちの会社はこれからどうありたいのか？そのために何をすべきか？」という問いを投げかけ、人事パーソンも人と組織のプロフェッショナルの立場からさまざまな提案をしていく。

　このような姿勢を持つことで、本当の意味での「経営パートナー」になれるのではないかと感じました。

　改めて考えてみると、「経営に資する人事」とか「経営のための人事」といった使い古された言い回しは、もしかすると誤解を招きやすい言葉なのかもしれません。

　というのも、その言葉の意味するところをいろいろな人事の方にお尋ねしてみると、経営者の理想を具現化するというニュアンスで捉えられているケースが実に多いのです。それはあくまで「経営者・経営層に資する人事」（御用聞き）であって、本当の意味での「経営に資する人事」（パートナー）ではありません。

中原　経営者がいつも必ず正解を持っているわけではありません。最近でいえば、「賃上げ」という課題があります。政府が「給料を上げろ」と言っているから対応するわけですが、例えば、初任給を上げるとして、中間層や管理職はどうするのか、賃金カーブをどうすべきか、経営者にも正解はわからないわけです。

　そこで「給料を上げたいが、どうすればいいか」というフワッとした問いが人事に投げられます。給料にまつわる情報や他社の事例を集め、派手ゴケしない状態をつくったうえで、自社の歴史なども踏まえつつ、自社に最もフィットするあり方を考えなければなりません。

　経営者だって「うーん、これかなあ？」と迷いつつ考えるわけです。そのときの「思考の壁打ち」の相手になれるのが人事です。**経営者が自分の頭で考えなければならないときに、人と組織の観点から情報提供をしたり、意見交換の相手になったり、時には提案をしたり。それ**

が経営者の良き相談相手になる、パートナーになるということだと思います。

No Confusion, No Learning

中　原　経営者の「壁打ち」の相手になるためには、ある程度「高い視座」を持つことが必要です。若いときは、細かい実務を担当することが多くなかなか難しいとは思いますが、視座は自分で上げようと思わないと、必ず下がっていきます。

　　　　視座を高く保つというのは意図の問題、意識の問題です。人事の仕事だけではないと思いますが、意図して自分の視座を上げていかないと、どんどん勝手に下がっていくと思っていたほうがいいですね。

田　中　視座を高く保つには、「誰と関わるのか」「誰から学ぶのか」を考えることが大事ですよね。

　　　　自分と同じような知識や経験しか持たない人とだけ付き合っていても、視座は変わらないどころか下がっていってしまいます。どこかで「このコミュニティにずっといてはまずい」と気づいて、言うなれば「村」を出なければならないのだと思います。

　　　　例えば、社内でも社外でも構いませんが、自分より一回りぐらい上の人で、自分より経験豊富な人にメンターになってもらうなど、自分の周りの人間関係を自分なりにデザインすることが重要です。

中　原　**大人の学びにおいては「with whom（誰と学ぶか）」を選べるよということです。** イツメン（いつものメンバー）の中には、ラーニングは起こりづらいでしょう。同期で集まって愚痴だけ言い合っていても、そこに学びは生まれません。

　　　　いつもと違う人々と関わると、ちょっと違和感があったり、ちょっと刺激を受けたり、要するにコンフュージョン（混乱）が起きます。**自分の中にある種の葛藤が起こったときにこそ、ラーニングが生まれるものです。すなわち "No Confusion, No Learning（葛藤なくして学びなし）" ではないでしょうか。**

人事パーソンが経営者として活躍していく

中　原　　人事パーソンのキャリアについて思うのは、活躍の時期が早まっている、ということです。20年ほど前、私が人事領域に関わり始めた頃は、45歳ぐらいで課長になって、55歳ぐらいで部長になるのが一般的だったように思います。

　　　　　しかし、インタビューに協力いただいた5人もそうですが、**最近では、30～40代で人事部長やCHROといった役職に就く人が増えてきています。**おそらく、人事パーソンのキャリアは、今後さらに前倒しされていくのでしょう。

　　　　　そう考えると、20代の方はもう動き出すタイミングですし、30代の方がこの本を読まれているのであれば、自分の仕事やキャリアは「このままでいいんだろうか」と見つめ直す時期なのかもしれません。また、40代以上の方は、「自分が貢献できるところはどこなんだろう」と考えていったほうがいいでしょう。

長谷波　　『日本の人事部』では、人事の実態を大規模アンケートによって調査し、「人事白書」として発表しています。

　　　　　毎回、企業の戦略人事の実態について調査しているのですが、「戦略人事は重要である」という項目について「当てはまる」「どちらかといえば当てはまる」と回答している方は、合わせて9割近くいらっしゃいます。一方で、自分自身が戦略人事の考え方や視点で業務を行っているかを聞くと、「取り組んでいる」との回答は4割未満です。

　　　　　なぜ戦略人事に取り組んでいないのか、その理由を尋ねると「人事部門の体制が整っていないから」「経営が戦略人事を求めていないから」など、「自分ごと」ではなく「他責」になっている回答がかなり多いんですね。今回お話をうかがった5人の人事パーソンの姿勢は、その対極にあるように思います。

田　中　　これからの人事パーソンのキャリアについて、2つ思うことがあります。一つは、先ほどの中原先生のお話にもありましたが、人事責任者ポストへの登用時期の早期化（早期抜擢）という流れです。これは今後さらに加速していくでしょう。

そして、もう一つは人事パーソンから経営人材へのステップアップ
という流れです。5人のインタビューでは、全員に共通して「経営」
という言葉が頻出しています。今回のインタビューを通じて、**経営パ
ートナーとして人と組織の理想的なあり方を模索する人事パーソンが、
近い将来、自らが経営人材として活躍する、という「人事から経営へ
のキャリアパス」が開けていくような期待感を持ちました。**

　人事パーソンのネクスト・キャリアは、これから先ますます広がっ
ていくのではないでしょうか。

おわりに

これからは「人事パーソンの時代」である

ここまで本書を書き進めてきた今、改めて強調したいのが序章に掲げたこの一文です。

現代の企業は「人と組織の課題」に満ちあふれています。その課題解決の最前線に立ち、企業の成長に貢献する人事パーソンの役割は、ますます重要になっています。

しかし、人事パーソンは「他者」の成長支援や課題解決に専念するあまり、「自分自身」の学びやキャリア開発は後回しになりがちです。特に、人事パーソン自身の成長やキャリア開発というテーマは、他に専門部署が支援してくれるわけではなく、「自助」で解決せざるをえないという構造的な問題を抱えています。

その結果、人事パーソンの学びとキャリアは、これまでほとんど問題として認識されることなく見過ごされてきたのです。

しかし、この「見過ごされてきた状況」はもはや限界に達しています。人事の仕事には、過去の延長線上で取り組める課題はほとんど残されていません。絶え間ない変化と新たな課題に対応するためには、何より人事パーソン一人ひとりの成長が不可欠です。

しかし、社内はもとより、社外に目を転じても、残念ながら人事パーソンの成長やキャリアを支援する学びの場は限られているのが実情です。手がかりを求めて外部の勉強会やセミナーに参加しても、そこでは「これからの人事部門のあるべき姿とは？」といった抽象的な議論が多く、職場で山積する課題と日々悪戦苦闘する人事パーソンの現実世界を変えるほどの効果は期待できません。「人事部門はどうあるべきか？」とい

う問いは曖昧です。問われるべきは「人事パーソン一人ひとりが、どのように変わりたいか？」です。

　これからの「人事パーソンの時代」に必要なのは、毒にも薬にもならない人事部門論ではなく、真に地に足のついた「人事パーソン論」であると私たちは信じています。
　そこで、私たちは、一人ひとりの人事パーソンに寄り添い、職場で孤軍奮闘する彼らのリアルな姿を具体的かつ客観的に描写し、彼らの前向きなチャレンジを後押しできる本を執筆したいという思いを込めて、本書の企画をスタートさせました。

　本書を書き進めるに当たって、私たちは一抹の不安を抱えていました。それは、私たち自身に「人事パーソン」としての経験がないということです。比較的近い立場から人事パーソンの方々に伴走し、これまで幾多の課題解決プロジェクトをご一緒させていただいたという自負はあるものの、人事パーソンとしてのキャリアを持たない筆者らの言葉が、果たして本当に人事パーソンに届くのだろうか、皆さんのチャレンジを後押しできるほどの力を持つのだろうか、という不安を抱えながら執筆を進めてきました。

　その不安を払拭すべく、1500名以上もの人事パーソンへの定量的な調査やインタビューを通じて、まず私たち自身が人事パーソンについて深く掘り下げて学ぶ努力をしてきました。しかし、残念ながらその不安は本書を書き閉じようとしている今現在もなお解消されていないかもしれません。むしろ、私たちが調査を進める過程で、自らの無知さを痛感するとともに、人事パーソンが担う役割の奥深さや提供価値の大きさに圧倒され、この本を世に問うことの重責にますます不安が増しているというのが偽らざる本音です。

一方、これまで「やり過ごされてきた」人事パーソンの学びとキャリアについて、そのごく一部であっても、可視化し、言語化し、広く社会に発信することには意味があるという手応えも感じています。

　先日、ある人事パーソン向けイベントに登壇し、本プロジェクトの取り組みについてご紹介する機会をいただきました。そこで見た光景が今でも忘れられません。

　イベント開始時はやや疲れた表情をしていた参加者（人事パーソン）の皆さんが、調査データをもとに自らの学びとキャリアを振り返るセッションでは、堰を切ったように自分の思いを語り始め、最初とはまるで別人かのように生き生きとした表情に変わっていく様子が非常に印象的だったからです。

　まるで私たちの提供する素材（問いとデータ）を待ち望んでいたかのような錯覚さえ覚える、とても印象的な出来事でした。

　本書では、人事パーソンの皆さんの置かれた状況を俯瞰し、未来へのビジョンを描くための素材をできる限り豊富に盛り込みました。

　これらの素材を活かし、人事部内での対話や勉強会などを通じて相互理解が深まり、皆さんが自らのキャリアをより豊かにし、充実させていくことを願っています。また、他事業部門との交流機会や組織の垣根を超えた支援の輪が社内に広がり、会社全体の成長にも寄与することを期待しています。

　さらに、本書をきっかけに、「人事部」ではなく「人事パーソン」にスポットライトが当たり、一人ひとりの人事パーソンの学びとキャリアを支援する企業の取り組みや人事パーソンについて探究する研究が社会で広まっていくことになれば望外の喜びです。

　私たちは、人事パーソン自らが、ウェルビーイングを高め、成長を実感し、主体的にキャリアを築いていくことが、最終的には会社の成長にもつながると信じています。

ここからは本書の刊行に関わってくださった方々に謝辞を述べたいと思います。

　まず、本書のインタビューにご協力いただいた、北山剛さん（三井住友銀行）、田中久美さん（ジャパネットホールディングス）、清水宏紀さん（カインズ）、岩田翔平さん（メルカリ）、バスマジェ詩織さん（ユニリーバ・ジャパン・ホールディングス）に心よりお礼申し上げます。その華々しいキャリアからは想像もつかないような日々の葛藤や試行錯誤、また現在進行形のチャレンジなどについても赤裸々に語ってくださり、きっと読者にとって大きな励みになることでしょう。

　また、2022年に実施した人事パーソン全国実態調査にご協力いただいた1514名もの人事パーソンの皆さんにも深く感謝申し上げます。調査実施から約2年の月日がかかりましたが、皆さんの貴重な声が本書の基盤となり、ようやく本書を世に問うことができました。

　「シン・人事の大研究」プロジェクト発足時からその趣旨にご賛同いただき、人事リーダーとして応援メッセージを寄せていただいた曽山哲人さん（サイバーエージェント）、武田雅子さん（メンバーズ）、髙倉千春さん（髙倉&Company）にも心よりお礼申し上げます。影響力のある皆さんのご発信のおかげで、たくさんの人事パーソンに本プロジェクトを知っていただくことができました。

　本プロジェクトをともに立ち上げ、多大なご支援をいただいた『日本の人事部』関係者の皆さんにも深くお礼申し上げます。特に、株式会社HRビジョン代表取締役社長の林城さんには心よりお礼申し上げます。

　本書の編集を務めてくださったダイヤモンド社の広瀬一輝さん、小川敦行さん、永田正樹さん、構成をご担当いただいた間杉俊彦さんにもお礼申し上げます。皆さんとの企画会議が何より楽しい思い出となりました。

最後になりますが、本書を手に取ってくださったすべての方々に、心より感謝いたします。私たちはこれからも人事パーソンの皆さんの学びとキャリアを応援し、「人事パーソンの時代」を共に切り拓いていくパートナーであり続けたいと願っています。この本が、その第一歩となることを願ってやみません。

田中聡・中原淳・『日本の人事部』編集部

［著者］

田中 聡（たなか・さとし）

立教大学経営学部准教授。東京大学博士（学際情報学）。新卒で株式会社インテリジェンス（現・パーソルキャリア株式会社）に入社。株式会社インテリジェンスHITO総合研究所（現・株式会社パーソル総合研究所）立ち上げに参画し、同社リサーチ室長・主任研究員・フェローを務め、2018年より現職。専門は人材マネジメント論。著書に『経営人材育成論』（東京大学出版会）、『チームワーキング』（日本能率協会マネジメントセンター）、『事業を創る人の大研究』（クロスメディア・パブリッシング）など。

中原 淳（なかはら・じゅん）

立教大学経営学部教授。立教大学経営学部ビジネスリーダーシッププログラム（BLP）主査、立教大学経営学部リーダーシップ研究所副所長などを兼任。大阪大学博士（人間科学）。「大人の学びを科学する」をテーマに、企業・組織における人材開発・組織開発について研究している。著書に『企業内人材育成入門』『研修開発入門』『組織開発の探究』（ダイヤモンド社）、『職場学習論』『経営学習論』（東京大学出版会）、『フィードバック入門』（PHP研究所）ほか多数。Blog：NAKAHARA-LAB.net（www.nakahara-lab.net）

『日本の人事部』編集部

人材採用・育成、組織開発のナレッジコミュニティ『日本の人事部』（https://jinjibu.jp/）のすべてのコンテンツの企画・制作を担当。『日本の人事部』が運営するWEBサイト、情報誌『日本の人事部LEADERS』に掲載する記事の制作のほか、HRの一大イベント「HRカンファレンス」や人事の学びの場「HRアカデミー」などの講演企画、大規模調査「人事白書」の発刊など、HRに関する情報を幅広く発信している。

シン・人事の大研究

――人事パーソンの学びとキャリアを科学する

2024年7月30日　第1刷発行

著　者――田中 聡、中原 淳、『日本の人事部』編集部
発行所――ダイヤモンド社
　　　　　〒150-8409　東京都渋谷区神宮前6-12-17
　　　　　https://www.diamond.co.jp/
　　　　　電話／03-5778-7229（編集）　03-5778-7240（販売）
装丁―――竹内雄二
本文デザイン・DTP―ダイヤモンド・グラフィック社
写真―――奥山栄一（p104・113）、大崎えりや（p164・172・233）
イラスト――くにともゆかり
校正―――茂原幸弘
製作進行――ダイヤモンド・グラフィック社
印刷・製本―ベクトル印刷
編集担当――広瀬一輝